【改訂版】

実践につながる
教育心理学

櫻井茂男 監修
黒田祐二 編著

北樹出版

監修と編集のことば（初版）

　本書は，教職（主に小中学校と高等学校の教師）を目指す人や，保育士など教職に準じた職業を目指す人を対象にして書かれた，教育心理学のテキストです。教育心理学のテキストにはさまざまな形がありますが，本書は，書名にある通り，読者のみなさんの教育心理学の学びが，「実践」へと「つながる」ことを目指して執筆されました。「実践」と「つながる」の意味は，次の通りです。

　「実践」とは，学校をはじめとする教育機関において，①子どもを理解すること，②子どもを評価・指導すること，③クラスを運営すること，を指します。「つながる」とは，①子どもの理解や指導，クラス運営のためのより良い「視点」や「方法」をもてるようになること，②学校での子どもの行動や教師の指導法を，心理学の視点から読み解けるようになること，③ ①・②を達成するために基礎知識（教育心理学の理論や専門用語）をしっかり身につけること，を指します。

　本書は，「発達と学習」「子どもの自己，人間関係，集団」「個人差の理解と指導」の3部構成となっております。そして，各章は，基本的な知識を解説する「基礎編」，実践的な内容を記述する「応用編」，学んだことを確認する「演習問題」で構成されております。基礎編は，各章の第1節から最終節の前節までであり，応用編は，「実践に向かって」と題した最終節になります。演習問題は，章末に掲載されています。

　基礎編では，上述した「つながる」のなかの②と③を達成できるように，重要な理論や専門用語をしっかり解説すると同時に，それらをもとにして実際の子どもの心理や教師の指導を説明するように工夫しました。応用編（「実践に向かって」）では，「つながる」の①を達成できるように，子どもを理解，指導する時の視点や方法を具体的に記述しました。本書では，「実践につなげる」という目的を達成するために，応用編の記述を各章において2ページ以上設け，実践的な内容を充実させました。演習問題においては，学んだことを実践につなげられるような問いを設定しました。

この他，本書では，初学者でも一読して内容を理解できるように，わかりやすい記述を心がけました。また，書物がもつ「活字を介した著者と読者とのコミュニケーション」という役割に立ち返り，読者と「コミュニケーション」をとれるように工夫しました。教科書は，ともすると，知識を一方的に伝えるものとなってしまうことがあります。そこで，本書では，タイトルや見出しをできるだけ疑問文にして読者に問いかける形にすること，また著者が読者に「伝えたいこと」や「考えてほしいこと」を思い切って書くことを心がけ，読者との相互的なコミュニケーションがとれるように工夫しました。読者のみなさんには，本書を「知識を得るためだけ」に活用するのでなく，本書で示されている「問いかけ」や「著者が伝えたいこと」について考えをめぐらせていただけたら幸いです。

　本書が教職に関わるであろう方々の学びに少しでも貢献できれば，監修者，編集者，執筆者一同，まことに嬉しく思います。

　末筆になりますが，執筆者のみなさまには，本書の企画主旨をご理解いただき，貴重な原稿をご執筆いただきました。厚くお礼申し上げます。そして，福田千晶氏には，企画の段階から編集，出版に至るまで，多大なお力添えときめ細かくかつ温かなサポートをいただきました。心より感謝申し上げるしだいです。

監修　櫻井　茂男

編者　黒田　祐二

改訂版について

　「実践につながる教育心理学」の初版はご好評をいただき，多くの大学・短期大学等でテキストとしてご採用いただきました。本書の主旨にご賛同いただき，たくさんの方々に初版を読んでいただいたことを，監修者，編集者，執筆者一同，まことに嬉しく思っています。

　初版が刊行されて8年が経ちましたが，その間に教育界で2つの重要な変化が起こりました。1つは，学習指導要領が改訂されたことです。教育心理学に関係する改訂として，「主体的・対話的で深い学び」の実現や，いわゆる「資質・能力の三つの柱」の育成が，目指すべき指導の方向として打ち出されました。もう1つは，全国の大学・短期大学等の教職課程にコアカリキュラムが導入されたことです。教育心理学の分野では，「幼児，児童及び生徒の心身の発達及び学習の過程」に関してコアカリキュラムが導入され，そのなかで発達と学習に関する5つの到達目標が設定されました。

　この度の改訂版はこうした動向をふまえて作成されたものです。主な改訂箇所は以下の通りです。第1に，本書とコアカリキュラムとの対応を明確にするために，本書全体の構成を「第1部　発達」「第2部　学習」「第3部　学級集団，自己とパーソナリティ，適応」に変更しました。第2に，コアカリキュラムの発達に関する到達目標に対応できるように，「認知の発達」の章を新設しました。第3に，新しい学習指導要領とコアカリキュラムの到達目標をふまえて，初版の「学習指導と教育評価」の章を「学習指導」の章と「教育評価」の章に分割し，それぞれの内容を厚くしました。これらに加えて，既存の章に関しても，新しい研究を紹介したり，統計資料を更新したりすることで，内容のさらなる充実を図りました。

　改訂版は11の章で構成されており，「第1部　発達」が3つの章，「第2部　学習」が5つの章，「第3部　学級集団，自己とパーソナリティ，適応」が3つの章で構成されています。各章とコアカリキュラムの到達目標との対応については，以下の表の通りです。

表　コアカリキュラム（「発達と学習」領域）の到達目標と各章との対応

	到達目標		対応する主な章
(1)発達の過程	1)	幼児，児童及び生徒の心身の発達に対する外的及び内的要因の相互作用，発達に関する代表的理論を踏まえ，発達の概念及び教育における発達理解の意義を理解している。	1章
	2)	乳幼児期から青年期の各時期における運動発達・言語発達・認知発達・社会性の発達について，その具体的な内容を理解している。	1章，2章，3章
(2)学習の過程	1)	様々な学習の形態や概念及びその過程を説明する代表的理論の基礎を理解している。	4章，5章
	2)	主体的学習を支える動機づけ・集団づくり・学習評価の在り方について，発達の特徴と関連付けて理解している。	6章，8章，9章
	3)	幼児，児童及び生徒の心身の発達を踏まえ，主体的な学習活動を支える指導の基礎となる考え方を理解している。	7章

注）わかりやすく提示するために，到達目標に対応する主な章をあげました。上にあげられていない章でも到達目標に関連している章があります。

　初版は「教育心理学の学びが実践につながる」ことを目指して作成されました（詳細は「監修と編集のことば」（初版）をご覧ください）。改訂版でもこのことを柱に据えながら，時代の要請や変化にも対応できるように，内容の改訂・充実を図りました。この度の改訂によって，読者のみなさんの学びがより一層深まっていくことを，監修者，編集者，執筆者一同，こころから願っております。

　末筆になりますが，執筆者のみなさまには，改訂版の主旨をご理解頂き，貴重な原稿をご執筆頂きました。厚くお礼申し上げます。そして，北樹出版編集部の福田千晶氏からは，改訂版においても多大なお力添えときめ細かで温かなサポートを頂きました。心より感謝申し上げるしだいです。

2020 年 10 月

監修　櫻井　茂男

編者　黒田　祐二

[改訂版]

実践につながる
教育心理学

序 イントロダクション
教育心理学とは

本書全体の導入になる序章では，教育心理学の役割と意義について述べます。第１節と第２節では，教育心理学の定義と研究法について解説します。第３節においては，教育心理学と教育実践とのつながりについて考えます。

　本章を通して，教育心理学の全体像を把握し，以下に続く各章の位置づけを理解すると同時に，教育心理学と実践とのつながりを理解してください。

 第1節　教育心理学とは

1. 定　　義

「教育心理学（educational psychology）」とは，簡単にいえば「教育のための心理学」です。厳密に定義をすることは難しいのですが，八田（1987）を参考に定義をすれば「**教育活動**に関する心理的な法則や事実を研究し，教育活動をより効果的に行うためのあらたな知見や方法を提供する心理学の一分野」ということになります。定義の前半は主に理論的な研究を，後半は実践的な研究を意味しています。両研究が充実してこそ教育心理学の存在価値が高まります。

　わが国の教育心理学は，日本教育心理学会での活動を中心に発展してきたように思われますが，近年ようやく実践的な研究の重要性が確認され，学会誌である『教育心理学研究』にも「実践研究」という分野が登場しています。理論的な研究と同様，実践的な研究の発展が大いに期待されています。

　さて，上記の教育心理学の定義にも登場する「教育活動」とはどんな活動を指すのでしょうか。もっとも簡単にいえば，「対象となる人間をよりよくするはたらきかけ」でしょうか。ただ，教育心理学の内容を紹介するには，もっと分析的なとらえ方の方が適しているように思われます。そこで八田（1987）の指摘を参考に３つの観点から教育活動をとらえると，以下のようになります（櫻井，2017）。すなわち，教育活動とは，①特定の対象（学校教育では，児童生徒）に

対して，②なんらかのはたらきかけ（学校教育では，学習指導と生徒指導）を行い，③対象がよい方向に変化する（学校教育では，指導効果がみられる）過程，です。これらの観点を採用すれば，教育心理学の内容は，①は「教育を受ける人，すなわち児童生徒の発達や特性に関する内容」，②は「学習指導・生徒指導に関する内容」，③は「教育評価に関する内容」と整理できます。

2. 内　　容

　前項では，教育活動をとらえる3つの観点に沿って教育心理学の内容を大まかに整理しましたが，本項では読者のみなさんが本書を上手に活用できるように，3つの観点と本書における各章との対応関係を示しておきます。

（1）子どもの発達や特性について

　学校における教育場面では，教育の対象となる子どもがどのような子どもなのか，すなわち子どもの特性についてしっかり理解することが重要です。どのような発達の状態にあるのか，どのような思考レベルにあるのか，どのようなパーソナリティの持ち主なのか，さらに級友との関係はどうなのか，教師との関係はどうなのか，といった理解が必要です。こうした内容と関係するのは本書の1章，2章，3章，10章です。

　1章では，子どもの発達の仕組みとその道筋について紹介します。発達という現象の仕組み，発達段階，遺伝と環境の影響などについてまとめています。基礎的な内容なのでしっかり学びましょう。

　2章では，認知の発達について紹介します。ピアジェの認知発達理論に基づく思考の発達段階が中心ですが，最近教育の世界で注目されている「メタ認知」についてもわかりやすく説明しています。もちろん知能（認知能力）や知能検査についても言及されており，教育実践に役立ちます。

　3章では人間関係と社会性の発達について紹介します。どんなに学ぶ意欲があっても，級友（仲間）との関係が良好でないと学校では安心して学ぶことができません。それは教師との関係においても同じであると思います。

　10章では自己（自分のこと）やパーソナリティについて紹介します。自己とは自分が理解している自分のことです。たとえば，自分をどう理解しているか

で，学ぶ意欲は変わります。自分が有能であると思っていれば，意欲的に学ぶことができます。こうしたことは誰もが経験することかもしれませんが，理論的にも理解してほしいと思います。また，パーソナリティとはいろいろな場面で共通に認められる行動特徴のことです。友だちの前でも教師の前でも赤面しやすいとしたら，その子は内向的なパーソナリティの持ち主といえるでしょう。内向的な子どもは外向的な子どもよりも，ほめて育てるほうが望ましいといわれます。子どものパーソナリティの理解も教育指導には重要です。

(2) 学習指導と生徒指導について

　学校教育における教育的な指導には，学習指導と生徒（生活）指導があります。この2つの指導は互いに補いあって子どもの成長を促していきます。

　まず学習指導において重要なのは，学習，記憶と思考，学習への動機づけと具体的な学習指導についての理解です。これらについては4章，5章，6章，7章で紹介します。

　4章では学習について紹介します。学習にはいろいろな種類がありますが，学校場面で代表的なものといえば，条件づけと観察学習（モデリングともいう）でしょうか。こうした学習の基本を理解することは，それぞれの子どもに適した学習方法を見出すことにも役立ちます。

　5章では記憶と思考について紹介します。思考は人間を特徴づける重要な機能ですが、現在，学ぶこと（主に記憶すること）は好きでも考えることは嫌い，という子どもが増えていると聞きます。考えることを楽しめる子どもに育てるためにはどうしたらよいのでしょうか。読者のみなさんには，こうしたことをよく考えながら各章を読んでほしいと思います。

　また，考えるためには考える材料が必要です。その材料を供給してくれるのが記憶という機能です。どのようにすればうまく記憶できるのか，いわゆる記憶方略についても知っていることが大事です。読んで覚える記憶方略もあれば，書いて覚える記憶方略もあります。その子に適した記憶方略を探せたら，記憶力はトップクラスになるでしょう。

　6章では動機づけ，とくに学ぶ意欲について紹介します。知的な能力が高く，級友や教師との関係が良好でも，学ぶ意欲がなければ学ぶことはできません。

学ぶ意欲にはどのような意欲があるのか，どういった面に配慮をすれば子ども
に自律的な学習意欲が育つのか，などについて学んでほしいと思います。

　7章では，学習観（行動論、認知論、状況論）と具体的な学習指導の方法につい
て紹介します。さらに，最近注目されている「主体的・対話的で深い学び」や
自己調整学習といった現代的な話題についても取り上げます。こうした内容は
新学習指導要領と深く関係しています。

　つぎに生徒指導において重要なのは，人間関係や社会性，集団（主に学級）
のあり方，学校での適応・不適応についての理解です。これらのことは3章，
9章，11章で紹介します。

　3章についてはすでに説明した通りです。

　9章では，学級，教師と子どもの関係や子どもの仲間関係について紹介しま
す。生徒指導では子どもの仲間関係の理解が必須となります。さらに先の学習
指導も学級単位やグループ単位でする場合が多いので，学級集団の特徴を知る
ことは大いに役立つはずです。

　11章では，学校への適応や不適応について紹介します。不適応ではストレ
スや不登校について取り上げます。生徒指導や学習指導が充実していれば，子
どもにとって学校は安心して生活できる場であり安心して学べる場になります。
とくに子どもが大きなストレスを抱え込まないように指導することが重要でし
ょう。

（3）教育評価について

　よりよい教育活動を行うために教育評価は欠かせません。子どもを適切に理
解し学習指導や生徒指導を行い，そしてその結果を検討してさらなる子ども理
解や指導に活かすこと（教育評価）は教育の発展に欠かせないものです。教育
評価については8章で紹介します。最近の新しい評価である「パフォーマンス
評価」や「ポートフォリオ評価」についても取り上げています。学習指導要領
が新しくなりましたので，評価の仕方については教職につく前に十分理解して
おくことが重要です。

第2節　教育心理学の研究法

1. 研究法の分類

　自然科学的な心理学はヴント（Wundt, W.）がドイツのライプチッヒ大学に心理学実験室を開設した1879年に始まるとされます。それまで哲学の一部であった心理学は，実験的な方法論を手に入れ，データを収集・分析することで自然科学への道を開きました。その後，実験的な方法（実験法）以外にも有効な研究法が開発され，現在教育心理学の分野では，**実験法**，**観察法**，**調査法**，事例研究法などの方法によってさかんに実証的な研究が行われています。

2. 実 験 法

　行動の因果関係に着目し，人為的にコントロールされた実験室のなかで，その因果関係を実証しようとする方法が実験法です。たとえば，学ぶ意欲を高めることが学力の向上に寄与するかどうかを検討する，という研究に，この実験法を適用すると，次のような計画を立てることができます。

　まず対象になる子どもを2群に分けます。1つの群には課題を与え学ぶ意欲を高める操作（正解したら褒めるなど）を行い，もう1つの群には課題は与えますがそうした操作は行いません。こうした処遇を行った後で，両群の子どもに処遇時とは異なる課題を与え，その成績（学力）を比較するというものです。これによって，学ぶ意欲を高める操作が学力を向上させるのかどうかが，検討できます。

　ただ，実験法は上記の例でもわかるように，因果関係を検討する優れた方法ですが，かなり限定された状況を作り出すため「**生態学的妥当性**（ecological validity）」が低くなる可能性が指摘されています。生態学的妥当性とは，日常的な状況においても実験室で得られた結果が再現できるかどうかということです。もし，再現できないとしたら，実験法によって得られた結果を教育現場に適用することは難しいといえます。教育心理学の研究ではこうした妥当性に留意する必要があり，そのためにも実践研究は重要です。

3. 観　察　法

　教育現場でもっともポピュラーな研究法は観察法です。観察法とは，人間の行動を自然な状況や実験的な状況のもとで観察・記録・分析して，行動の質的・量的な特徴や行動の法則性を解明する方法です（中澤，1997）。観察法の長所は自然な行動を研究対象にできること（生態学的妥当性が高いこと），言語的理解力や言語的表現力が低い乳幼児や障害児でも観察対象になることです。

　教育現場で行われる観察は，どんな事態を観察するのかという観点からみると「自然観察」と「実験的観察」のいずれもが多いと思われます。自然観察とは，自然な状況のなかで起こる行動を観察するものです。休み時間に子どもの行動を観察するのがこれにあたります。一方実験的観察とは，ある環境（たとえば授業）を設定してそのなかで起こる行動を観察するものです。授業中に子どもの行動を観察するのはこれにあたるでしょう。

　次に観察者と観察される者との関係の観点からみると「参加観察」と「非参加観察」に分けられますが，いずれの方法も教育現場では多いように思われます。参加観察は観察される者に対して観察者がその存在を示しながら直接観察する方法です。たとえば，教師が授業をしながら子どもの様子を観察するのがこれにあたります。一方，非参加観察とは一方視鏡やビデオなどを利用して，観察される者に観察されていることを意識させないで自然な行動を観察する方法です。たとえば，研究者が教室にカメラを設置して子どもの行動をビデオに記録するのがこれにあたります。非参加観察では観察される者の自然な行動が観察できるという長所があります。ただ，ビデオなどに記録すると，それを見て分析するのにかなりの時間と労力がかかります。

4. 調　査　法

　心理学でいう調査法とは，質問紙を用いることが多いので，質問紙法ともいいます。多くは紙に印刷された質問項目に対する回答から，被調査者（調査を受ける人：最近は調査協力者ということも多い）の行動傾向，態度，人間関係などを分析する研究法です。

　先に例としてあげた，学ぶ意欲を高めることが学力の向上に寄与するかどう

かを検討する，という研究を調査法で行うとしたら，次のような計画を立てることができます。同学年の数クラスの子どもたちを対象とします。因果関係を調べたいので，2時点での調査を行います。1回目の調査では，学力（標準化された学力検査など）と学ぶ意欲を測定します。2回目の調査では，同じ被調査者を対象に，6ヵ月程度の間隔をおいて学力のみを測定します。そして，階層的重回帰分析という統計手法を用いて，まず2回目の学力から1回目の学力の影響を取り除き，つぎに学ぶ意欲がどのくらい学力の変動（増減）を説明できるかを検討します。こうすれば，調査法でも学ぶ意欲が学力に及ぼす影響を検討することができます。

近年，学校では実験法による研究の実施が難しくなっています。その結果，調査法が多用されるようになりました。調査法を行うにあたっては，次のことに注意をする必要があります。

①調査の目的を明示し，その目的以外に調査データを使用しないこと。

②研究倫理に則り，被調査者のプライバシーや人権を守ること。

③質問項目（既成の心理尺度など）には否定的な内容を含むことがあるので，事前に調査校と検討すること。

④被調査者の負担を軽減するために，できるだけ項目数を少なくすること。

5. 事例研究法

なんらかの問題を抱える事例（ケースということも多い）をあらゆる角度から吟味し，解決策を見出し，それを実践し，問題が解決したらその後の経過をみて終了する，という研究法が事例研究法です。ケース・スタディということもあります。学校の場合には，教師やスクールカウンセラーが，問題を抱える1人の子どもを事例として扱うことが多いと思われます。

先に例としてあげた，学ぶ意欲を高めることが学力の向上に寄与するかどうかを検討する，という研究を事例研究法で行う場合には（やや無理な面もありますが）次のようになります。学ぶ意欲も学力もともに低い子どもが対象になります。ただし，学ぶ意欲の低いことが学力の低下をもたらしているというアセスメント（診断）が必要です。そうしたアセスメントをするには，生育歴，家

庭環境，学校での生活・学習状況などを詳細に調べるほか，必要に応じて観察・面接・心理検査なども実施します。そしてさらに，どのようにしたら学ぶ意欲を高めることができるかという処方箋を見出すことも，アセスメントの重要な役割です。その処方箋に基づいて教育等を行い，子どもの学力が向上した場合には，こうした対応は終了となりますが，一定期間のフォローアップ（追跡）も必要です。

　事例研究法はひとつの事例を対象とするため，その結果を即座に一般化することは難しいのですが，同じような事例をいくつか集め検討することによって，一般的な知見も得られるようになります。

 ## 第3節　実践に向かって——教育心理学の学びを教育実践につなげる

　教育心理学と教育実践との「つながり」には，さまざまな形があります。そのなかで，みなさんにとくに意識してほしいつながりを，以下に述べます。

1. 子どもを理解する時の視点につなげる

　教育心理学は，実践の場において子どもたちのこころをとらえる視点を与えてくれます。ここでは3つの視点を紹介します。

　1つ目は，こころの原理をとらえる視点です。たとえば，発達の研究は，子どもたちの心身の発達の仕組みや道筋をとらえる視点を与えてくれます（1・2・3章）。学習や動機づけの研究は，子どもたちの行動が獲得される仕組みや行動が起こる理由をとらえる視点を与えてくれます（4・6章）。記憶の研究からは，「短時間でどのくらいの情報を覚えていられるか」や「頭のなかで知識がどのように結びついているか」を知ることができます（5章）。

　2つ目は，こころを深くとらえる視点です。たとえば，子どもたちの行動の背景にある心理をとらえる視点です。一見すると同じような行動であっても，その背景にある心理はまったく異なることがあります。たとえば，生徒Xも生徒Yも同じように熱心に勉強していたとします。しかし，生徒Xの勉強の動機は優れた成績をとって周囲にアピールすることであり，生徒Yのそれは

知的好奇心を満たすことであるといったように，行動の根底ではまったく異なる心理が働いていることがあります。このような個人差や背景要因をとらえようとする時，さまざまな研究が助けになります（例：6・10・11 章）。

　3つ目は，心を広くとらえる視点です。たとえば，人の内部にある心と人の外部にある環境の両方をとらえる視点です。学習の研究は，人の行動が外的環境（たとえば，賞罰）に規定されることを示しています（4章）。また，発達の研究は，子どもの心は環境とのかかわり（たとえば，他者との関係）のなかで形作られることを示しています（1・2・3章）。これらの研究は，子どもの心を外的な環境も含めた広い視野でとらえる視点を示しています。その他として，心を過去―現在―未来という時間軸でとらえる発達的視点もあります。

　教育心理学を学べば子どもを完全に理解できるというわけではもちろんありません。ただ，教育心理学の全体をしっかり学ぶことで，子ども（人間）の心を理解するためには，多様な視点と柔軟な見方が不可欠であるということがわかると思います。この理解が大切なのではないかと思います。

2.　子どもを指導する時の視点につなげる

　教育心理学は，子どもを指導する時の視点も与えてくれます。以下に，強化と罰（4章）などの視点をふまえた指導を説明します。

　子どもたちが授業中に後ろを向いておしゃべりすることが多いため，クラスで約束事を作りたかったとします。この時，約束の作り方としては大きく2つ考えられます。1つは，「授業中はおしゃべりをしないこと。そして，後ろを向かないこと」と約束することです。もう1つは，「授業中は静かにすること。そして，前を向いて授業を聞くこと」と約束することです。

　これら2つの約束は，一見すると同じようにみえますが，指導の主眼は大きく異なります。前者は，「望ましくない行動」（おしゃべりすること，後ろを向くこと）に注目し，それを「禁止する」ことに重点を置き，後者は，「望ましい行動」（静かにしていること，前を向いていること）に注目し，それを「促す」ことに重点を置いています。そのため，前者の約束を作った教師は後者の教師より，望ましくない行動を叱ってやめさせる指導（罰）を行いやすく，後者の約束を

作った教師は前者の教師より，望ましい行動を褒めて増やす指導（強化）を行いやすくなります。このように，約束の主眼（目標の焦点）をどこに置くか（子どもたちの悪い行動をなくすか，良い行動を促すか）によって，指導のあり方（叱りやすくなるか，褒めやすくなるか）が異なってきます（Leung & Lam, 2003）。裏を返すと，叱ることの多い教師は子どもたちの悪い行動とその抑止に注意を向けやすく，褒めることの多い教師は子どもたちの良い行動とその促進に関心を向けやすい，と考えることができます。

3. 実践をふり返る時の視点につなげる

　教育心理学は，みずからの実践をふり返る時にも有意義な視点を与えてくれます。たとえば，教師の指導行動をとらえる視点として，子どもの自発性や主体性を促しているか，それとも，子どもをコントロールしているか，という視点が提案され，それぞれにあてはまる具体的な行動がリストアップされています（6章）。こういった視点や具体的な行動は，教育現場に出てみずからの実践をふり返る時におおいに参考になるでしょう。

　さらに，指導行動の背後には，教師の信念や期待などが隠れています（9章）。たとえば，「子どもたち（あるいは自分）はこうあらねばならない」という強迫的な信念をもっていると，子どもたちをコントロールする行動をとりやすいことが示されています。表面的な行動だけでなく，みずからの内面をふり返るためにも，こういった視点や研究結果をぜひ活用してほしいと思います。

（櫻井茂男・黒田祐二）

【引用文献】

八田武士（1987）．教育心理学　培風館

Leung, M., & Lam, F. (2003). The effects of regulatory focus on teachers' classroom management strategies and emotional consequences. *Contemporary Educational Psychology, 28*, 114-125.

中澤　潤（1997）．人間行動の理解と観察法　中澤　潤・大野木裕明・南　博文（編）心理学マニュアル　観察法　北大路書房

櫻井茂男（2017）．教育心理学とは何か　櫻井茂男（編）改訂版　たのしく学べる最新教育心理学――教職にかかわるすべての人に――　図書文化社

発達のしくみと道筋

人間の心とからだはどのように変化していくのだろう？

　人間の発達には，ある一定の規則性があります。よって，何歳で何ができるようになるのか，身長・体重はどのくらいになるのか，など，多くの人間の一生のなかで共通して生じる心身の変化について私たちは知ることができます。ただし，実際の発達には個人差があり，その個人差を生じさせるのが，親から受け継がれた特徴（遺伝）と生まれた後の経験（環境）です。

　では，なぜ教育にたずさわる者が発達について学ぶ必要があるのでしょうか。教育は，子どもを取り巻く環境の1つです。環境が発達の個人差に影響するのであるならば，子どもの受けた教育が，その子の発達を促す可能性も，妨げる可能性もあるということです。しかし，一般に発達がどのように進むのかを知らなければ，発達を促そうにも目指すところがわからないでしょう。また，年齢相応の発達がみられない子どもに早く気づいて，必要な援助をするためにも，発達の一般的な道筋について知ることが必要といえます。

　本章では，人間の心とからだがどのように発達するのかを理解しながら，子どもの発達を促すためにどのような教育をすべきかについて考えていきましょう。

 ## 第1節　発　達　と　は？

　発達とは，人間の身体や心の構造・はたらきに生じる連続的な変化のことです。一般に，発達ということばを用いる時，何かが大きくなったり複雑になったりすることを指しますが，人間の発達という場合は，老いに伴って生じる身体の衰えや能力の低下も含まれます。すなわち，私たちは死ぬまで発達し続ける存在であるといえます。

1. 発達の特徴

　発達には，一般的に次のような特徴があります。

まず，発達は一定の順序に従って進みます（**発達の順序性**）。たとえば，人間が歩けるようになるまでには，首がすわる，おすわりができる，ハイハイをする（しない場合もあります），つかまり立ちや伝い歩きをする，手を離して立つ，という順序を経ます。順序が飛ばされたり，後戻りがみられたりする場合は，その部分の発達に問題がある可能性を考える必要があります。

　次に，発達には一定の方向があります（**発達の方向性**）。身体発達には2つの方向性があり，1つは頭部から脚部への方向性，もう1つは中心から周辺への方向性です。前者は先述の直立歩行ができるまでの順序のように，頭部から尾部，脚部に向かって発達が進行することを指します。後者は寝返りをうったり腕を振ったりといった全身運動ができるようになってから，指先を使った細かい運動ができるようになるように，体幹から末梢に向かって発達が進行することを指します。

　また，発達による変化は，途絶えたり飛躍したりせず連続して起こるものです（**発達の連続性**）。したがって，病気による一時的な体重の増減は発達的変化とはいえません。また，ある期間，表面的に変わりがないからといって，発達していないというわけではありません。

　最後に，発達には個人差があり，発達がゆっくりの人もいれば，早い人もいます（**発達の個人差**）。発達に異常があるかどうかを判断するためには，一般に正常とされる個人差の幅（たとえば，遅くとも何歳までに歩けるようになるのか）も理解しておく必要があります。

2. 臨界期（敏感期）

　もう1つ，発達の特徴としてしばしば注目されてきたのが，発達初期におけるある特定の経験（**初期経験**）により，発達の道筋が方向づけられるということがあるという説です。たとえば，動物行動学者のローレンツ（Lorenz, K.）は，誕生したばかりのガンやカモのヒナが，最初に見た動くもの（人間やおもちゃ）を親と認識して，その後を追うようになることを観察し，これを「**刻印づけ（インプリンティング）**」と呼びました。この刻印づけは，孵化後約24時間以内に成立することが知られています。このように，学習が発達上の特定の期間に限っ

て成立し，その時期を逃すともはや学習が成立しなくなる時期を**臨界期**と呼びます。

　人間の学習にもこのような臨界期は存在すると考えられています。たとえば，第二言語の習得について，アメリカに滞在する中国語か韓国語を母国語とする者を対象に英語の文法力を検討したところ，3～7歳で渡米した者は，英語を母国語とする者と差がありませんでしたが，8歳以降は，渡米年齢が上がるにつれて文法力が低下することが指摘されています（Johnson & Newport, 1989）。また，第二言語の発音についても，研究者によって報告する年齢に違いはあるものの，年齢が上がるほど，正しい発音の獲得が難しくなることがいわれています。ただし，この第二言語の臨界期説を否定するような結果を報告する研究もあるため，十分に解明されていないこともつけ加えておきます。

　いずれにしても，人間の学習における臨界期は，刻印づけほど期間が限定的なわけではなく，その時期に学習が成立しやすいだけで，他の時期には絶対に学習不可能というものはないようです。このことから，臨界期よりも，**敏感期**と呼ぶ方がいいのではないかといわれています。また，幼児期に親から適切な養育が受けられず発達遅滞であった子どもが，その後の教育のおかげで通常の発達水準まで回復した事例も報告されています（コラム参照）。すなわち，子どもを教育する立場にある者は，人間の発達は柔軟で，常に良くも悪くも変化する可能性があること，教育とはそのような可能性をもって行われるものであることを理解しておくことも重要です。

　しかし，近年では，こうした臨界期（敏感期）が注目されることで，子どもがなるべく小さいうちからさまざまなことを身につけさせようと，幼児期からたくさんの習い事に通わせたり，英語のレッスンや体操教室を熱心にやっている幼稚園・保育園に通わせたりしようとする親が少なからずいるようです。そうした親の気持ちはわからなくもありませんし，頭から否定するつもりはありません。しかし，さまざまな能力が身につく幼児期だからこそ，ある特定の能力だけを伸ばそうとするような偏った教育を行おうとすることは，それ以外の能力が身につく機会を失うことになりはしないでしょうか。たとえば，子どもが自由に遊べる時間を与えることは，何をして遊ぶかを考える創造力，遊びた

　1972年，日本で2年近く屋外の小屋のなかで養育放棄されていた幼い姉弟（6歳と5歳）が発見されました。発見時の彼らの体型は満1歳児レベル，つかまり立ちはできるが歩行は不能，ことばもほとんど話せない状態でした。彼らは乳児院に引き取られ，補償教育を受けるなかで，運動機能や知能，認知能力は，驚くべき回復をみせました。歩行にいたっては，救出後，姉は3日，弟は1週間目で歩けるようになったといいます。このことは，子どもの育つ環境がいかに発達に影響を与えるのかを物語っているといえるでしょう。また，人生の初期における経験（環境）にかかわらず，その後の環境によって望ましい発達へと導くことができる可能性も示しているといえます。しかし一方で，言語能力については，初期の発達の遅れを十分に取り戻すことはできませんでした。その理由について，この2人の成長を14年間にわたって記録した藤永ら（1987）は，言語発達における敏感期（臨界期）の問題よりも，発達の初期における愛着形成の問題を可能性としてあげています。ただし，いずれにしても，人間の発達において初期経験が少なからずその後に影響を与えることは無視できない事実であるようです。

いことを友だちに伝える言語力，やりたいことが友だちと違った時に話しあう問題解決能力などを発達させますし，その遊びが外遊びなら全身をつかった粗大運動能力，室内遊びなら手先をつかった微細運動能力などの発達にもつながるでしょう。専門的な学習や訓練に時間を割くあまり，子どもが自分の意思で活動する時間がなくならないよう配慮してほしいものです。

第2節　人はどのように発達するのだろうか？

1. 発達曲線と発達段階

　第1節で述べたように，発達とは，人間の身体や心に生じる連続的な変化のことです。これは，発達を量的な変化ととらえる見方で，**発達曲線**という形で表すことができます。しかし，人間の身体や心の質的な変化に注目する場合は，いくつかの**発達段階**に分けて，それぞれの段階における発達の特徴を見ていく

こともあります。

　たとえば，身長や体重といった体格の発達については，量的変化であるため，発達曲線で示されたものを見ることで，その発達の様相を理解することができます。図1-1に示したスキャモンの発達曲線は，身体の臓器や器官における形態の加齢的変化を示した模式図です。身長や体重は一般型に含まれますが，この模式図を見れば，0〜4歳と12〜16歳の頃に，身長や体重が大きく増加することを見てとることができます。

　一方，発達段階は，ある時期に特有の質的変化に着目して段階設定をするとらえ方です。本来連続的な変化である発達を非連続的にとらえることに，否定的な意見もあります。しかし，いつ頃，何ができるようになるのか，どのような人間関係をもつようになるのか，といった発達の側面は，発達段階で区切ってとらえた方が理解しやすいといえるでしょう。

　発達段階をどこで区切るかは，その区分の観点により異なりますが，ここでは，比較的一般的な区分を用いて，各発達段階の特徴を紹介します。

（1）胎　生　期

　人の発達は，受精から始まります。精子と卵子が結合して1つの受精卵となり，やがて人間らしい形になって赤ちゃんが誕生します。この間の時期，約280日間を**胎生期**と呼びます。近年では，胎児のもつさまざまな能力が明らかになっています。たとえば，胎児にも聴力があり，母親の声や母国語を聞き分けていますし，生まれたばかりの赤ちゃんは，自分の母親の羊水のにおいをほかの母親の羊水のにおいと嗅ぎ分けることができます（すなわち，子宮のなかで羊水のにおいを嗅いでいたと考え

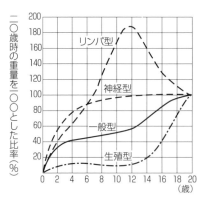

《リンパ型》扁桃腺・リンパ腺・アデノイドなどの分泌組織の発達曲線。
《神経型》脳髄・脊髄・感覚器官などの神経組織の発達曲線。
《一般型》骨格・筋肉・内臓諸器官などの全体的な身体組織の発達曲線。
《生殖型》こう丸・卵巣・子宮などの生殖器官の発達曲線。

図1-1　スキャモン（1930）の発達曲線
（櫻井，2004）

られます）。また，妊婦がタバコやアルコールを摂取すると，胎児の発育，さらには出生後の赤ちゃんの発達にも悪影響を及ぼすことが指摘されています。このことから，人間の発達は母親の胎内にいる時からすでに始まっていること，胎児を取り巻く外の環境がさまざまな影響を与えうることについて，親となる者は十分に理解しておく必要があります。

(2) 乳 児 期

　乳児期は，生後約1年半の時期を指します。とくに，生まれてから1ヵ月の間は新生児期と呼ばれます。通常，ウマやサルのような高等な哺乳類は，生後すぐに立ち上がり，自分で生命維持に必要な行動ができます。ところが，同じく高等な哺乳類であるにもかかわらず，人間の赤ちゃん（乳児）は自分で立って歩いたりことばを話したりするようになるまでに約1年かかります。それまでの間は，養育者が栄養を与え積極的に世話をしなければ，生きていくことができません。生物学者ポルトマン（Portmann, A.）は，このような他の高等な哺乳類との違いから，人間は本来必要な妊娠期間を約1年間短縮して生まれてくるのだと考え，それを「**生理的早産**」と呼びました。

　実際のこの時期の発達を見てみましょう。歩行の発達について，2～3ヵ月でうつ伏せの状態で頭を持ち上げられるようになり，5～8ヵ月でお座りが始まると8～10ヵ月で支えなしで背中を伸ばして座れるようになり，その後，ハイハイ，つかまり立ちからつたい歩きを経て，1歳2ヵ月頃には一人で歩けるようになるのが一般的です。手の運動については，生後3ヵ月頃から少しずつ物を握れるようになり，9ヵ月頃には小さい物を親指と人差し指でつまめるようになります。ことばについては，生まれたばかりの頃は泣き声のみですが，徐々に「クークー」「アーアー」といった声を機嫌の良い時に出すようになり，生後6ヵ月頃になると**喃語**が見られるようになります。喃語は「ママママ」「ダダダダ」「バブバブ」といった母音と子音を組み合わせた音をくり返す発声のことで，ことばではありませんが，コミュニケーションの機能をもつと考えられています。1歳前後で，「ワンワン（犬）」「ブーブー（車）」など意味をもつはじめての単語（**初語**）を話すようになりますが，まだまだことばで自分の気持ちを伝えることはできません。

このように，人間は運動能力や言語能力が未熟な状態で生まれ，その後，少しずつ発達していきますが，乳児が決して無能な存在というわけではありません。乳児は，見たり聞いたり触ったりといった感覚を通して外界の事物をとらえ，その物に直接働きかけることで，外界を認識しています。たとえば，自分の指を吸ったり，手にしたおもちゃをくり返し打ちつけたりするなかで，「自分」の身体や「自分以外」の存在を認識していると考えられています。また，ことばはほとんど話せませんが，目の前のおとなの表情を真似したり（**共鳴動作**），おとなからの働きかけに手足を動かし声を出して反応したり（**エントレインメント**）することによって，人とコミュニケーションする能力をもっています。乳児期からこのようにおとな（養育者）とのコミュニケーションを行うことは，養育者と子どもの間に**愛着**（**アタッチメント**）という心の絆を形成することにつながります（第3章参照）。すなわち，この時期の子どもと関わる主たる養育者は，子ども自身からのはたらきかけに敏感に応答し，積極的にコミュニケーションをとることで，子どもに信頼と安心感を与えることが求められます。その結果，子どもは，養育者を「**安全基地**」として，積極的に自分を取り巻く環境にはたらきかけることができるようになり，物を認知する能力，運動能力，言語能力などを獲得していくのです。

（3）幼　児　期

　1歳半から6歳くらいまでの時期を**幼児期**といいます。この時期は，ことばを用いたコミュニケーションと二足歩行が可能になります。1歳前後にはじめてことばを発してから半年以上は，話せることばの数は少なく，1つの単語のみで意思を伝えようとします。たとえば，「マンマ」と言うことは，子どもにとっては「ご飯が食べたい」という意味をもつことから，この時期に生じる1つの単語での発話は「一語文」と呼ばれます。その後，1歳半を過ぎる頃からことばの種類も急激に増加して「二語文」（たとえば「ワンワン　イタ」）が現れ，2歳を過ぎる頃には「三語文」（たとえば「オーキー　ワンワン　イタね」）が話せるようになって，徐々におとなと同じ話し方に近づいていきます。また，1歳から1歳半にかけて二足歩行ができるようになることにより，子どもの行動範囲が広がり，遊びにも変化がみられます。乳児期はおとなとの遊びかひとり遊び

がほとんどでしたが，3，4歳頃からは仲間との遊びが多くみられるようになっていきます。それに伴って，仲間とのけんかやいざこざも起こりますが，こうした葛藤をどのように解決し乗り越えるかを経験することも，社会性の発達にとっては大切なことです。

　ことばを獲得したことにより，目には見えない物について考えることや理解することができるようになります（**象徴機能**）。その結果，積み木を車に見立てて走らせたり，お母さんになったふりをしておままごとをしたりして遊んだりすることが可能になります。しかし，この時期には論理的に思考する能力は十分に発達していません。たとえば，自分の視点からのみ物事をとらえる**自己中心性**がみられます（第2章参照）。

　幼児の遊び場面ではしばしば独り言がみられます。たとえば，砂場において，「どうやったら大きい山ができるかなぁ？　ここをトントンして……そうだ，水をかけてみよう！」といった発話です。ピアジェ（Piaget, J.）は，この独り言が自己中心性ゆえに現れると考え（**自己中心的言語**と呼びました），他児と一緒に遊んでいても，幼児のことばの多くはコミュニケーションの機能をもたないととらえました。しかし，ヴィゴツキー（Vygotsky, L. S.）は，この考え方を批判し，幼児も仲間とことばを用いたコミュニケーションをとりながら遊んでいることを確認した上で，幼児期に多く見られる自己中心的言語は，思考のプロセスをことばとして発しているのだと説明しました。児童期にはおとなと同じように声に出さず頭の中だけで思考することができるようになりますが（ヴィゴツキーは，このときの音声にならないことばを「**内言**」と呼び，他者に向けて発することばを「**外言**」と呼びました），幼児期はまだそれができないので自己中心的言語が思考を方向づける道具として働くと考えたのです。すなわち，自己中心的言語はコミュニケーションの道具であった外言が思考の道具である内言へと移行する過渡期に現れるものと理解されました。

　幼児期は，自分がほかとは違う名前や考えをもつ独立した存在であることに気づき，自分で決めたい，自分でやりたい，これは自分の物である，といった意識が高まる時期でもあります。とくに2，3歳頃はそれが顕著に行動に現れ，親が言うことに対し，なんでもイヤ，ダメをくり返す姿がみられます。これは，

第一次反抗期と呼ばれ，誰にでも，ごく普通にみられる姿です。親にとっては困った行動でしかないかもしれませんが，自主性，自発性，自己意識が育っている証であると受け止めて，うまくつきあっていくことが求められます。

　また，すべてのものは生きている，心があるととらえる（アニミズム）のも，この時期にみられる特徴です。こうした特徴を理解すれば，折れたまま床に放置されているクレヨンを指して，「大事に使わなきゃダメよ」と言って聞かせるよりも，「クレヨンが痛い痛いって泣いているよ，かわいそうだね」と声をかける方が，物は大切に扱うべきであることを幼児期の子どもに伝えるには有効であることがわかるでしょう。

(4) 児 童 期

　児童期は小学生の6年間にあたります。この時期は親子関係中心の対人関係から仲間関係中心の生活へと移行し始めます。仲間関係は，対等な関係である分，意見の対立や心の葛藤が生じやすく，それをみずからの力でどのように乗り越えていくかが課題となります。また，児童期には知的な発達も進みます。たとえば，自分の視点とは異なる視点から物事を考えることができるようになります。これを脱中心化といいます。加えて，実際に見たり動かしたりできる具体物や手がかりがあれば，論理的に思考することも可能になります（詳細は第2章参照）。

　知的発達がみられる一方で，9歳前後になると学力の個人差が大きくなり，学校の授業についていけなくなる子どもが目立つようになります。これを9歳の壁と呼びます。その背景には，学校のカリキュラムに現実生活から離れた内容が多く含まれるようになり，抽象的な思考力が求められることが原因であると考えられています。9歳頃には，自分と他者（とくに身近な友だち）を比較すること（社会的比較）ができるようになり，それによって，自己評価や自尊心を低めてしまう子どもが出てきます。児童期中期以降の子どもと関わる教師や保護者は，さまざまな場面で子どもの良いところを見つけてあげること，過度に他者と比較するような環境を作らないように配慮することを心がけるとよいでしょう。また，この時期獲得される豊富な知識や常識に縛られて，創造性が一旦低下することも示されています（弓野, 2002）。知識ばかりを詰め込もうとす

るのではなく，自由で柔軟な思考や発想を促すような教師のかかわりも必要で
しょう。

(5) 青 年 期

　青年期は，12〜22歳くらいの時期を指します。「もう子どもではないが，
まだおとなでもない」時期といわれるように，青年期は，おとなへの準備期と
とらえることができます。**二次性徴**が現れ，男性，女性らしい身体つきになり
ますが，そうした突然やってくる身体の変化は，心理的にも影響を及ぼします。
青年期初期には，知的発達にも変化がみられます。基本的にはおとなと同じ思
考ができるようになり，具体的なことだけでなく，数字・記号などの抽象的な
ことや経験・知識に反するようなことについても論理的に考えられるようにな
ります（詳細は第2章参照）。また，「自分とは何か」「自分は何のために生きてい
るのか」ということに悩む時期でもあります。自分を見つめ，迷い悩んだ結果，
自分なりの答えをもつことを**アイデンティティ**（自分は何者かという自己定義）の
達成といいます。こうした自我への目覚めの表れとして，**第二次反抗期**もみら
れます。この時期の子どもの親に対する反抗は，親の価値観，しつけから離れ，
自分自身の意思で行動したい，という気持ちの表れであり，精神的に自立する
上で必要なものであるととらえられています。親にとっても，これを機に子離
れの準備をすることになります。しかし，現実には，青年期において完全に親
から自立することは困難であるため，親は子どもを自立させようと無理に突き
放したり距離を置こうとしたりする必要はありません。近年では，青年期にお
ける親子間の愛着や親密性の重要性も指摘されていることから，絶えず親子の
コミュニケーションをとりながら，心理的な分離と結合のバランスを図ること
が求められるのではないでしょうか。

(6) 成 人 期

　20代以降を**成人期**と呼びます。成人期には自分の仕事をもち，多くの人は
結婚して子どもを育てます。親から自立して新しい家庭を築くことで，今度は
自分自身が親として子どもの発達を援助することになります。また，社会にお
いては，自分が就いた職業においてキャリアを積みつつ，次の世代を育ててい
くことが求められます。

2. 発 達 課 題

　ここまで各発達段階の特徴について述べてきましたが，それぞれの発達段階において獲得されるべき課題を「**発達課題**」といいます。

　ハヴィガースト（Havighurst, R. J.）は，「人間が健全で幸福な発達を遂げるために各発達段階で達成しておかなければならない課題，次の発達段階にスムーズに移行するために，それぞれの発達段階で修得しておくべき課題がある」として，表 1-1 のような発達課題をあげました。彼は，ある段階における課題の達成が不十分である時は，それ以後の段階における課題の達成も困難となり，その個人の発達の全過程を歪める可能性が高いと述べています。人間関係における発達課題を例にあげれば，乳・幼児期で両親・きょうだいとの情緒的結びつき（愛着）を経験し，児童期で遊び友だちとうまくつきあうことを学習したから，青年期で両性の友人との新しい人間関係をもてるようになるのでしょうし，壮年期における配偶者の選択へもつながっていくととらえることができます。ただし，発達課題のなかでも社会的な要請と関連があるような内容については，時代や文化によって大きく異なるものもあります。現代の日本社会においては，配偶者を得て子どもを産み育てることは絶対ではありませんし，結婚しないことをあえて選択する人もいれば，中年期になって結婚する人もいます。

 発達を規定するのは遺伝か環境か？

　人間の発達に，生まれつき備わっている遺伝要因と，生まれた後の経験のなかで獲得される環境要因のどちらが影響を与えるのかという問題は，哲学や心理学において古くから議論の的になってきました。

1. 生 得 説

　発達において遺伝要因を重視する考え方を**生得説**といいます。

　19世紀半ば，ダーウィン（Darwin, C. R.）は彼の著書『種の起源』のなかで「進化論」を説き，人間を含む生物は，環境へ適応する上で必要な特性を親から子へと遺伝によって伝えることで，徐々に進化することを唱えました。彼のいと

表 1-1　ハヴィガースト（1953）の発達課題

発達段階	発達課題
幼児期	・歩行の学習　　　　　　　　　・固形食をとる学習 ・話すことの学習　　　　　　　・排泄の学習 ・性差と性へのつつしみの学習　・生理的安定の獲得 ・社会や事物についての単純な概念形成 ・両親・きょうだい・他人との情緒的結びつき ・善悪の区別の学習と良心の発達
児童期	・日常の遊びに必要な身体的技能の学習 ・生活体としての自己に対する健全な態度の形成 ・友だちと仲良くすることの学習 ・男子あるいは女子としての社会的役割の学習 ・読み・書き・計算の基礎的能力の発達 ・日常生活に必要な概念の発達 ・良心・道徳性・価値観の発達 ・人格の独立性の達成 ・社会集団に対する社会的態度の発達
青年期	・同年齢の男女との洗練された新しい交際の学習 ・男性あるいは女性としての社会的役割の学習 ・自分の身体構造を理解し身体を有効に使うこと ・両親や他のおとなからの情緒的独立 ・経済的な独立について自信をもつこと ・職業の選択とそれへの準備 ・結婚と家庭生活の準備 ・市民として必要な知識と態度の発達 ・社会的に責任のある行動をとること ・行動の指針としての価値や倫理体系の学習
壮年期	・配偶者の選択　　　　　　　・配偶者との生活の学習 ・第一子を家族に加えること　・子育て ・家庭の管理　　　　　　　　・職業に就くこと ・市民的責任を負うこと　　　・適した社会集団の選択
中年期	・市民的・社会的責任の達成 ・一定の経済的生活水準の維持 ・10代の子どもが信頼できる幸福なおとなになるための援助 ・余暇活動の充実 ・配偶者との人間としての結びつき ・中年の生理的変化の受け入れと適応 ・年老いた両親への適応
老年期	・肉体的な力と健康の衰退への適応 ・引退と収入の減少への適応 ・配偶者の死への適応 ・同年代の人々との明るい親密な関係を結ぶこと ・社会的・市民的義務の引き受け ・肉体的に満足な生活を送るための準備

このゴールトン（Galton, F.）は，この考えを人間の能力にあてはめ，優秀な人間は優秀な家系からより多く輩出されやすいことを統計学的に示しました。それをもとに，優れた遺伝子を操作的に残すことで種としての人類を高めることができるとする「優生学」を生み出しました。この優生思想は，当時各国に広まって，政治的にも利用されることとなりました。たとえば，アメリカでは，1907年に世界ではじめて断種法が制定されて，障害者，犯罪者などは強制的に断種手術（子どもができないようにする手術）を受けさせられ，子どもを作れない身体にさせられました。その後，西ヨーロッパを中心に世界中のたくさんの国（日本もその国の1つでした）で強制断種が行われました。また，ヒトラー政権下のナチス・ドイツが行ったユダヤ人などの大量虐殺も，この優生思想により行われたものです。ナチスによる人類史上例のない残虐な行為によって，優生思想は批判の対象となり，生得説のように遺伝の影響を重視する考え方自体，一歩間違えれば差別や偏見を生み出しかねず，人間としての尊厳を損なうものとして忌避されるようになりました。

　しかし，われわれの発達に遺伝が影響を与えていることは，現実場面を考えれば，誰しも少なからず思いあたるはずです。血のつながった親子であれば，その容姿はどこかしら似ているところがあります。それを，同じ家庭で同じものを食べて生活してきたから，などと環境で説明しようとするのは無理があるでしょう。遺伝要因に偏ったとらえ方は，差別や偏見，本人や周囲が努力しても無駄だという無力感を引き起こす可能性がありますが，遺伝要因をまったく無視して人間の発達を説明することはできないのです。

2．経　験　説

　発達において環境要因を重視する考え方を**経験説**といいます。

　17世紀の哲学者ロック（Locke, J.）は，経験主義を唱え，生まれたばかりの赤ん坊を「タブラ・ラサ（ラテン語で『何も書いていない石版』という意味）」にたとえました。すなわち，人間は何も書いていない石版のような白紙の状態で生まれ，その後の経験がそこに書き加えられていくと考えたのです。

　20世紀はじめ，心理学者ワトソン（Watson, J. B.）は，「私に，健康で，いい

体をした1ダースの赤ん坊と，彼らを育てるための私自身の特殊な世界を与えたまえ。そうすれば，私はでたらめにそのうちの一人をとり，その子を訓練して，私が選んだ専門家——医者，法律家，芸術家，大実業家，そうだホームレス，泥棒さえも——に，その子の祖先の才能，嗜好，傾向，能力，職業がどうだろうと，きっとしてみせよう」と述べました（Watson, 1924）。彼のこのことばは，環境要因を強く主張するもので，当時の優生思想および生得説と真っ向から対立しました。

　発達における環境からの適切な刺激の重要性については，発達初期に適切な養育を受けられなかった子どもの発達の事例（藤永ら，1987）にもみることができます（コラム参照）。しかし，ワトソンが述べたように，環境しだいで人間をいかようにも育てられるということは，現実には難しいでしょう（ワトソン自身も事実の範囲を越えた表現であったことを認めています）。オリンピック選手と同じメニューでトレーニングをし，同じものを食べることで，記録が伸びることはあるかもしれませんが，誰もがオリンピック選手になれるわけではないからです。

3. 輻輳説と相互作用説

　結局のところ，「遺伝か環境か」ではなく，「遺伝も環境も」両方発達に影響しているというのが現在では一般的な考え方です。

　シュテルン（Stern, W.）は，遺伝要因と環境要因が加算的に作用するとする**輻輳説**を唱えました。輻輳とは，車輪の中心に向かって細い棒（輻）が放射状に集まることをいいます。加算的というのは遺伝の影響が何パーセント，環境の影響が何パーセントというとらえ方です。すなわち，この立場は，遺伝要因と環境要因の両者が寄り集まって1つになり発達が進んでいくという考え方をします。

　現在，主流の考え方になっているのが，遺伝要因と環境要因が相乗的に作用するとする**相互作用説**です。相互作用説では，特定の遺伝要因が環境からの特定の刺激を引き出し，それがさらに遺伝要因の発現に影響を与えると考えます。先述のゴールトンは，天才音楽家バッハの家系を調べ，その家系に音楽家が多いことを示して生得説を主張しました。しかし，遺伝的に音楽的才能が高かっ

たとしても，すべての者が音楽家になれるわけではないでしょう。家族が音楽を日常的に演奏し，本人が望めばいつでも音楽について学ぶ環境があったからこそ，その生まれもった才能は開花し，作曲家になることができたというのが相互作用説の考え方です。

　1980年代からは，「行動遺伝学」という学問が登場し，遺伝が与える影響と環境が与える影響，遺伝と環境の交互作用が，統計的手法を用いて数量化して示されつつあります（安藤，2000）。たとえば，人間の身体的・心理的形質における遺伝率は，身長が66％（残りの34％は環境からの影響），知能は52％，学業成績は38％，創造性は22％とされています。知能の約半分が遺伝によって決定されると聞いて，それを多いと感じる人もいるかもしれません。しかし，環境の影響もまた半分存在することも忘れてはなりません。また，知能は不変的なものではなく，短期間で大きく変化するものであることもわかっています。それらをふまえれば，もし教師として今の子どもの知能を知った時，親から与えられたもの，すでに決まったものであるから仕方ない，とあきらめるべきではありません。これから先，子どもをどのような教育的環境に置き，どのような経験をさせるのかによって，知能は今より高くも低くもなる可能性があるのだと考えて，教育を工夫することが必要といえるでしょう。

実践に向かって——子どもの発達を促す教育とは？

　前節では，遺伝が発達に与える影響は無視できないが，環境が与える影響もたしかであることを述べました。教育を志す者であれば，「では，どのような教育的環境を用意することが子どもの発達をより良い方向へと導くのか」という疑問をもつことでしょう。本節では，まず，遺伝と環境のそれぞれに比重をおいた考え方，**成熟優位説**と**学習優位説**を紹介します。その後，ヴィゴツキー（Vygotsky, L. S.）が述べた**発達の最近接領域**という概念について紹介し，子どもの発達を促す教育とはどのようなものであるのかについて考えてみることにしましょう。

1. 成熟優位説

成熟とは，生まれもった能力が時期に応じて自然に展開することを指します。すなわち，**成熟優位説**とは，経験よりも遺伝を重視し，本来内在する能力が自然に展開されるような環境を用意すべきであるという考え方です。この立場では，教育は，学習ができるようになる心身の準備態勢（**レディネス**）ができあがるのを待ってから行われるべきであり，レディネスが形成される前に教育的働きかけを行っても，それは効果が薄いと考えます。

ゲゼル（Gesell, A.）は，このことを示すために，一卵性双生児の女児（TとC）を対象に階段登りの実験を行いました。まず，Tに生後46週目から週6日6週間，階段を登る訓練を10分間受けさせました。Tの訓練終了後の生後53週目から，今度はCが同様の訓練を2週間受けました。その結果，Tは訓練当初は1セッションで3，4回しか登りませんでしたが，5週目では10回登るようになり，訓練終了後の時点で合計156回登りました。一方，Cは，それまで1回も訓練を受けていなかったにもかかわらず，訓練1回目から7回登り，1週間半後で10回，2週間の訓練で合計81回登りました（Tは最初の2週間で合計55回でした）。つまりこの結果は，早い時期から訓練を始めたとしても，必ずしも大きな成果につながらないことを示しています。

2. 学習優位説

成熟優位説は，レディネスを待ってから教育すべきであるという考え方でしたが，レディネスを待っているばかりでは，教育の果たす役割があまりに消極的であるという批判がなされるようになりました。そこで，レディネスを待つのではなく促進するはたらきかけが重要だとしたのが**学習優位説**です。すなわち，学習優位説は，遺伝よりも経験を重視した考え方になります。

ブルーナー（Bruner, J.）は，子どもの発達水準にあった教材や教育方法を工夫すれば，どのような概念であっても教えることが可能であると主張しました。たとえば幼児の場合，割り算をことばや数式で理解することはできませんが，キャンディーを3人で同じ数ずつ分けるという作業を実生活のなかでやらせたり，アニメーションを使った映像で示したりすれば，理解することができると

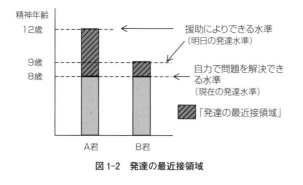

図1-2　発達の最近接領域

いうものです。ブルーナーは，このような発達論に基づいて，発達を促す教育の重要性を説いたのです。そしてこの考え方は，近年ブームの早期教育を支持する根拠となっています。

3．発達の最近接領域

　今ここに精神年齢8歳のA君とB君がいるとします。彼らは，自力で問題を解決する場面では，能力に違いはみられません。ところが，おとなから教示やヒントなどの援助が与えられた場面では，A君は12歳水準の問題を解くことができましたが，B君は9歳水準の問題しか解くことができませんでした。この場合，A君とB君は，知能検査では同じ結果であっても，発達の状態は同じであるとはいえません。こうした違いが生じることについて，ヴィゴツキーは，発達を2つの水準に分けて考えました（図1-2）。1つは自力で問題を解決できる水準（現在の発達水準）で，もう1つは他者からの援助や共同によって達成が可能になる水準（明日の発達水準）です。そして，この2つの水準のずれの範囲を**発達の最近接領域**と呼びました。

　教育者が現在の発達水準のみに目を向け，子どもが解ける問題を与えているだけでは，子どもの能力を適切に高めることはできません。現在の発達水準も明日の発達水準も考慮せず，それ以上の水準の問題が解けるようになることだけを促す場合も同様です。また，子どもがそれぞれにもつ発達の最近接領域の個人差を無視して，クラス全員の子どもに自力で今以上の能力が身につくよう努力を促すことも，望ましい教育とはいえないでしょう。すなわち，子どもの明日の発達水準を見極め，発達の最近接領域の範囲内で，今以上の能力が獲得されるような経験の場を用意することが教育には求められるのです。そのために，教師は，子ども一人ひとりの現在の発達水準を理解し，日頃からさまざま

な援助の方法を身につけておく必要があるでしょう。たとえば，体育の授業で跳び箱の練習をする場面を思い浮かべてみましょう。全員が5段を跳べるようになったので，はじめて6段に挑戦したところ，1回目はクラスのうち何名かが跳び越えることができませんでした。2回目に挑戦する時，ただ「もう一度頑張れ！」と励ますだけでは教育的援助とはいえません。手が前に伸びていない，助走のスピードが足りない，恐怖心で思い切り踏み切れない，など，子どもにはそれぞれの跳べない理由があります。その理由に応じた言葉かけ（例：「失敗しそうになったら先生が支えてあげるから大丈夫」），手助け（例：跳んだ瞬間お尻を前に押してやる），練習方法（例：一番上の段だけにまたがって両手をついて前に身体を送り出す），環境（例：クラスメイトからの励まし）を提供することが教師の援助といえるでしょう。そうした援助が，子どもの発達の最近接領域を拡大する（明日の発達水準を高める）ことにもつながるのではないでしょうか。

　生まれつき背が低いからバレーボールの選手にはなれないだろう，子どもの頃から英語の勉強をしなかったから海外で仕事をするのは無理だろう，私の子どもは発達障害だからおとなになっても社会で働くことはできないだろう，などという考えは，経験的に発達について理解しているからこそ抱くのかもしれません。たしかに，遺伝が身長に与える影響，第二言語の敏感期，青年期・壮年期の発達課題について考慮すれば，こうした限界を感じるのも無理はないことです。しかし，現実には，一般的にみて低い身長であっても，セッターやリベロというポジションでバレーボールの日本代表として活躍している人，中学校ではじめて英語を学んでも海外で就職した人，発達障害でも会社や店に勤め，自分の収入で生活している人がいるのはなぜでしょうか。そこには，本人の並々ならぬ努力と，その人のもつ能力・特性を理解した上での周囲のかかわり（教育）があったことが推察されます。

　教育者にとって，発達を理解することは，個人の限界を設定することではありません。子どものもつ未来への発達の可能性を具体的にイメージして，そのために必要な教育的援助や指導をすることが求められるのではないでしょうか。

（大内　晶子）

演 習 問 題

子どもが以下の発達段階にある時，親や教師は「次に何ができるようになる」ことを目標にして，「どのような教育的援助」をするとよいでしょうか。それぞれについて，適切な援助を考えましょう。

(1) 3歳の子どもが自分の名前を読めるようになった。

(2) 5歳の子どもが縄跳びの練習をしているが，足元に縄が来たのを目で確認してから跳び越えるので，続けて跳ぶことができない。

(3) 小学1年生の子どもが忘れ物が多くて困っている。

【参考・引用文献】

安藤寿康（2000）．心はどのように遺伝するか——双生児が語る新しい遺伝観——　講談社

藤永保・斎賀久敬・春日喬・内田伸子（1987）．人間発達と初期環境　有斐閣

Johnson, J. S., & Newport, E. L. (1989). Critical period effects in second language learning: The influence of maturational state on the acquisition of English as a second language. *Cognitive Psychology*, **21**, 60-99.

Lorenz, K. (1965). Über tierisches und menschliches verhalten.

（ローレンツ，K. 丘 直通・日高敏隆（訳）（1989）．動物行動学I　新装普及版　思索社）

櫻井茂男（編）（2004）．たのしく学べる最新発達心理学——教職にかかわるすべての人に——　図書文化社 p.26.

佐藤三郎（編著）（1980）．ブルーナー入門　明治図書新書

Scammon, R. E. (1930). The measurement of the body in childhood　In J. A. Harris, C. M. Jackson, D. G. Paterson & R. E. Scammon (Eds.) *The measurement of man*. University Minesota Press.

Vygotsky, L. S. (1956). Мышление и Речь. Избранные Психологические Исследования.

（柴田義松（訳）（2001）．思考と言語　新訳版　明治図書出版）

Watson, J. B. (1924). *Behaviorism*. New York: The People's Institute Publishing Company.

弓野憲一（2002）．知能と創造性の発達と育成　弓野憲一（編）発達・学習の心理学　ナカニシヤ出版　pp.97-112.

認知の発達
考える力はどのように育つのだろう？

> 　認知は，思考や記憶など知的機能全般を表す用語です。認知のはたらきは，人が誕生してから青年期に至るまでに飛躍的に発達します。このことは，幼児と児童と青年の思考能力を比べてみるとよくわかります。それでは，思考能力は具体的にどのような道筋をたどって発達するのでしょうか？　また，幼児と児童と青年の思考能力には一体どのような違いがあるでしょうか？　本章では，ピアジェの認知発達理論に基づきながら，これらの疑問について考えていきます。

　ピアジェの認知発達理論は思考能力の発達の道筋を示したものです。この理論の背景には，シェマ，同化，調節，能動的人間観（構成主義）という重要な考え方があります。そこでまずこれらの考え方について説明します。

　シェマとは，図式と訳され，私たちが外界を認識する時に用いる認知的枠組み（あるいは認知構造）のことを指します。たとえば，頭のなかの知識の体系はシェマに該当します。そして，シェマを用いて外界を把握すること（あるいは，シェマに合うように外界の情報を取り込むこと）を**同化**といい，同化がうまくできない時に外界に合うようにシェマを修正することを**調節**といいます。たとえば，「タイヤがついたものは車である」という既有知識（シェマ）をもつ子どもが，タイヤのついた物体を見た時に「車である」と認識する（「車！」と言う）ことは同化であり，タイヤがついたものでも4つのタイヤがついたものと2つのタイヤがついたものがあることに気づき，それぞれ車とバイクと呼ばれているのを聞いた時，「4つのタイヤがついたものが車で，2つのタイヤがついたものがバイクである」とシェマを修正することは，調節にあたります。

　同化と調節のはたらきに見られるように，人は外界と関わるなかで物事に関する認識や知識を能動的に構築していると考えられます。このような能動的な知識獲得観は**構成主義**と呼ばれ，「知識は他者から与えられるものである」と

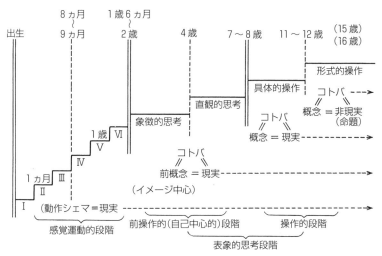

図2-1 ピアジェの理論における思考能力の発達の道筋（内田，1991より作成）

いう受動的な知識獲得観と対比されます（第7章も参照のこと）。構成主義の考え
方は，子どもの主体的で深い学びを導く時に重要になる考え方です。

　これらの考え方をベースにもち，ピアジェは人が誕生してから成人するまで
の思考能力の発達の道筋を理論化しました。道筋の概要を図2-1に示しました。
感覚運動的段階と表象的思考段階は「頭のなかの表象（例：イメージ，ことば，概
念）を使って思考する（例：想像する，予測する，推論する）ことができるかどうか」
という点で区別され，前操作的段階と操作的段階は「論理的に思考することが
できるかどうか」という点で区別されます。このように，ピアジェは，それぞ
れの段階における思考能力は質的に異なると仮定しています。

　本章では，新生児期から青年期までの認知の発達について，**感覚運動的段階**
（ほぼ新生児期・乳児期にあたる），**前操作的段階**（ほぼ幼児期にあたる），**具体的操作**
段階（ほぼ児童期にあたる），**形式的操作段階**（ほぼ青年期にあたる）の思考能力の
特徴を中心に，最新の研究結果も織り交ぜながら説明します。

1. ピアジェの理論における新生児期・乳児期

　乳児期は，心理学では一般的に出生から生後1年半までの時期を指し，とくに出生後1ヵ月の期間を新生児期といいます。新生児期・乳児期は，ピアジェの理論では感覚運動的段階に含まれます。感覚運動的段階は物を見る，音を聞くといった感覚と，物を握る，吸うといった運動を通して（これらをシェマとして），周囲の環境の情報を引き出し取り込んでいく時期になります。

　新生児期は，生得的な反射によって周囲に反応している時期です。その後，自分の体を主体的に動かし，それによって生じる感覚の変化をくり返し体験する（第一次循環反応），周囲の物に働きかけ生じる感覚の変化をくり返し体験する（第二次循環反応），などの反応をしながら感覚と運動を結びつけ，周囲の物への働きかけ方のレパートリーを増やしていきます。生後8ヵ月くらいになると，「ハンカチをめくって下に隠れているおもちゃを掴む」，といった手段と目的の分化，物への働きかけ方を組み合わせることが可能になっていきます（第二次循環反応どうしの協応）。そして1歳を過ぎた頃には，自分の周囲の物への働きかけ方と，それによって生じる物（環境）の変化との関係を試行錯誤しながら探索していきます（第三次循環反応）（滝沢，2007）。ピアジェは感覚運動的段階をさらに6つの段階に分けています（表2-1）が，乳児期は頭のなかだけでなにか思い浮かべて考えることが難しく，目の前にある環境に実際に働きかけその結果を体験する状態にあるとしています。

表2-1　**感覚運動的段階における6つの段階**（ヴォークレール，2012より作成）

第1段階	誕生〜1ヵ月	反射の発達
第2段階	1ヵ月〜4ヵ月	第一次循環反応
第3段階	4ヵ月〜8ヵ月	第二次循環反応
第4段階	8ヵ月〜12ヵ月	第二次循環反応どうしの協応
第5段階	12ヵ月〜18ヵ月	第三次循環反応
第6段階	18ヵ月〜24ヵ月	心的表象

2．対象の永続性の理解

　対象の永続性の理解とは，物が隠されて見えなくなってもそこに存在し続ける，という気づきであり，周囲の環境を把握するための基盤の1つとなります。ピアジェは，感覚運動的段階の第3段階までは子どもは対象の永続性を理解しておらず，興味のある遊具が目の前でハンカチなどによって隠されてしまうと，遊具がその場に存在しなくなったようにふるまう，と報告しています。対象の永続性の理解が子どもに芽生え始めるのは第4段階以降であり，完全に確立するのは幼児期に入る第6段階までかかる，とピアジェは考えていました。これに対して，その後の研究者たちは乳児期の子どもに対する研究方法を洗練させ，ピアジェの主張よりもっと早い段階から子どもは対象の永続性を理解していることを指摘しています。たとえば，ベイヤールジョンらが行った詳細な実験からは，生後3ヵ月半から5ヵ月の乳児でも対象の永続性の理解がある程度できることが報告されています（ヴォークレール，2012）。

 第**2**節　幼　児　期

1．ピアジェの理論における幼児期

　幼児期は1歳半から就学までの時期を指し，ピアジェの認知発達理論では感覚運動的段階の最後から，前操作的段階にあてはまります。1歳半から2歳頃に，子どもは試行錯誤的に実際に物に関わらなくとも，頭のなかで考えて結果を思い浮かべることができるようになります。この頭のなかでイメージする（**表象**する）ことが，幼児期の子どもの認知の中心になっていきます。この表象する力（表象作用）を使って，幼児期の子どもは頭のなかで過去の経験を組みあわせ未来の予測をする，自分なりの見通しをもって行動の計画を立てる（「○○するつもり」），直接経験をしたことのない出来事（たとえばファンタジックなもの）を想像することが可能になっていきます。

　また，表象作用とあわせて子どもの認知発達に大きく関与する心の働きである，**象徴機能**が幼児期には出現します。象徴機能は，そこには存在しないある物を別の物で置き換えて表現する能力であり，表象作用と表裏一体の力と考え

られます。幼児期の子どもが示す見立て遊び（たとえば積木を車に見立てる）やふり遊び（お母さんや特撮ヒーローのふりをして遊ぶ）は，象徴機能の現れの一例と考えられます。この能力の影響を強く受けるのがことばの獲得です。象徴機能が子どもの心のなかで働くことで，赤くて甘い果物である実物の「りんご」を，「り」「ん」「ご」という音声や文字で表し，心のなかで同じものとして扱うことができるようになります。象徴機能の出現によってことばの獲得が進み，ことばの獲得は子どもの認知発達をさらに促すことになります（岡本，1991）。

2. 象徴的・前概念的思考段階

　ピアジェは前操作的段階を，だいたい4歳を境に2つの時期に分けています（図2-1）。前半の時期は象徴的思考段階と呼ばれます。上に述べたように，表象作用と象徴機能を用いて子どもは周囲の環境を理解し，物事のさまざまな情報をことばやイメージに置き換えて頭のなかに蓄積していきます。とくにことばによって蓄積され整理された情報は，しばしば概念と呼ばれます。概念とは，ある事物のグループの共通特徴や典型的な特徴をまとめたものです。たとえば，「イヌ」には柴犬やブルドック，チワワなどさまざまな種類が存在しますが，それらをまとめて「イヌ」として認識できるのは，イヌの概念がその人のなかにあるからです。概念を作り上げ使用することで，人は物事に対してより高次な思考・判断をすることができるようになります。

　一方で前概念的思考段階ともいうように，この時期の子どものなかに形成される概念は未熟で不安定な部分があります。たとえば「イヌ」という概念が「イヌ」全体を意味している時と，特定の「イヌ」（ペットのポチなど）を意味している時が混在することがあります。また，「イヌ」や「ネコ」といった概念と，「動物」という概念の関係性（階層性）が曖昧な部分がみられます。「お母さん」や「お父さん」といった関係を表す概念の理解が十分にできず，人によって「お父さん」や「お母さん」ということばが表す人物が異なることの理解が難しい，といった特徴もあります（滝沢，2007；岡本，1991；内田，1989）。

3. 直観的思考段階

　前操作的段階の後半にあたる4歳以降の時期を，直観的思考段階といいます。象徴的・前概念的思考段階と比べて，概念の形成が進み，思考・判断も発達していきます。しかしながら論理的に物事を思考・判断するには限界があり，とくに物事の見かけによって左右されやすいといった特徴を示します。ここでは，ピアジェの代表的な研究である，保存の理解と3つ山問題を取り上げ，この時期の子どもたちの認知の特徴を述べていきます（滝沢，2007；岡本，1991；内田，1989）。

（1）保存の理解

　保存の理解とは，見かけが変化しても物の数量や重さは変化せず同じままである，という認識をいいます。幼児期の子どもは，この認識が十分に獲得されておらず，物の見え方が変わるとその数量や重さも変化すると考えがちです。ピアジェは図2-2のような課題を用いて，子どもの保存の理解を明らかにしました。それぞれの課題のAとBは数量や重さは「同じである」と幼児は理解できますが，Cのように見え方を変えられると数量や重さも変化したように考え，AあるいはCの方が多い（重い）と答える傾向にあります。幼児期の子どもがこのような思考・判断をする背景の1つとして，物事のある部分にだけ注目してしまい，他の部分を無視しがちになる特徴があげられます。これを**中心化**といいます。たとえば図2-2の②量の保存課題では，幼児期の子どもはBからCの容器に移し替えられたジュースの水面の高さの変化（水面が高くなった）

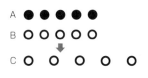

AとBのおはじきが同じ数であることを確認した後，BのおはじきをCのように間隔をあけて並べ替えて，AとCではどちらのおはじきが多いのかをたずねる。

①数の保存課題

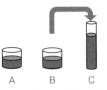

AとBのジュースの量が同じであることを確認した後，その場でBのジュースをCの容器に移し替えて，AとCではどちらのジュースが多いかをたずねる。

②量の保存課題

AとBの粘土の重さが同じであることを確認した後，その場でBの粘土をCの形に変形させて，AとCではどちらの粘土が重いかをたずねる。

③重さの保存課題

図2-2　ピアジェの保存課題

に注目すると，容器の横幅の変化（横幅が狭くなった）をとらえられません。その結果として，「Cの方が多い」と答えることが生じます。物事の複数の部分を同時にとらえて判断できるようになるのは，次の具体的操作段階においてであり，児童期の子どもは保存の理解が可能となります。

（2）3つ山問題

中心化という思考・判断の特徴は保存の理解だけでなく，他の認識においても現れます。とくにこの時期の子どもは自分の視点や考えに中心化し，他者の視点や考えを同時に把握することに困難さを示します。これはしばしば**自己中心性**と呼ばれ，幼児期の子どもの思考の特徴と限界を示すことばとして用いられます。自己中心性の特徴を明らかにした，ピアジェの実験の1つが3つ山問題です。手続きとしては，図2-3に示したような，A，B，C，Dと異なる位置から眺めると景色が異なって見える3つの山の模型が子どもに提示されました。そして，子どもの視点（たとえばA）と異なる位置（B, C, D）に人形を置き，人形からどのような山の景色が見えているかが写真の選択等の方法を用いて尋ねられました。結果として幼児期の子どもは，人形がどの位置に置かれていても，自分の視点から見えている景色と同じものが見えている，と認識していることを報告しています。

ピアジェの3つ山問題と自己中心性の研究は，その後**視点取得**というキーワードで研究が続けられました（子安, 2005）。そのなかで，他者はどう見えているのかを考える空間的（視覚的）視点取得は，課題によっては幼児期でも可能であることが明らかにされています。また，他者が何を考えているのかについての理解を扱う認知的視点取得は，「心の理論」の研究へと発展しました。「心の理論」の研究では，幼児期の段階でも他者の心の状態を推測することがある程度可能であることが報告されています（第3章を参照のこと）。第1節でも示したように，認知発達のいくつ

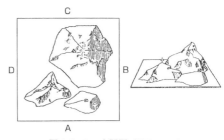

図2-3　3つ山問題（滝沢, 2007）

かの部分はピアジェの主張よりも早い時期に達成されることが，最近の研究では明らかになっています。

第3節　児 童 期

小学生の時期にあたる児童期は，具体的操作段階（7歳頃〜11・12歳頃）におおむね対応しています。ピアジェは，具体的操作段階における認知の特徴として，「論理的な思考力の発達」と「脱中心化」をあげました。また，最近の研究から，この時期には「メタ認知」が発達することも示されています。本節ではこれら3つの認知発達について説明します。

1. 論理的な思考力の発達

幼児は対象物の見た目に惑わされて直観的に考えてしまう傾向がありましたが，児童は見た目に左右されずに論理的に思考できるようになります。図2－2の保存課題では，「元に戻せば同じである」（可逆性），「付け加えたり取り除いたりしていないから同じである」（同一性），「物のある面（例：容器の高さ）が増えた分だけ別の面（例：容器の幅）が減った」（相補性）と論理的に考えて，「数量や重さは同じままである」と判断できるようになります。

その一方で，具体的操作段階の論理的思考力には限界もあります。つまり，具体的なモノや実際に存在する事柄に関して論理的に考える力はあっても，抽象的なコトや架空の事柄に関して論理的に思考する力は十分発達していません。たとえば，保存課題のように目の前に具体物がある時には正解することができても，「ネズミがイヌよりも大きくて，イヌがゾウよりも大きいとしたら，一番大きいのは何？」といった問いに正解することはまだ難しいのです。この時期の思考が「具体的」操作段階と呼ばれるのはこのためです。

小学校低学年の授業では，たとえば日常にある具体物を使って算数を教えますが，これらは具体的操作段階の認知発達をふまえた工夫といえます。具体的な事物や現実の事象を離れて抽象的・形式的に思考できるようになるのは，児童期後期（11〜12歳）以降とされています。

2. 脱中心化

　具体的操作段階では，複数の視点で物事を考える力や物事の複数の側面を同時にとらえる力も発達します。3つ山問題で示された通り，幼児期には自分と他者の視点を切り離すことが難しく，他者も自分と同じように対象物を見ていると考えてしまうことがあります（**自己中心性**）。これに対して児童期になると，自分とは異なる視点があることに気づき，自分以外の視点で思考できるようになります。また，保存課題で示された通り，幼児期には物事のある部分にだけ注目してほかの部分を無視してしまう**中心化**がみられますが（例：量の保存課題で，Cの容器にジュースを移した時，水面の高さだけに注目して幅が狭くなったことを見逃してしまう），児童期には物事の複数の面を同時にとらえた上で判断できるようになります。このように自己中心性や中心化を脱した状態をピアジェは**脱中心化**と呼びました。

3. メタ認知の発達

　最近の研究から，小学校中学年頃を境に**メタ認知**が発達することが示されています（藤村，2008）。「メタ」とは「〜についての」「一段上の」という意味を表す接頭辞です。メタ認知とは，「認知についての認知」を表し，「自分自身や他者の行う認知活動を意識化してもう一段上からとらえること」を指します（三宮，2018）。たとえば，問題を解いている最中に「この考え方ではうまくいきそうにない。どう考えればいいだろう」と考えることがありますが，このような「自分の思考についての思考」は，メタ認知を表します。メタ認知は，いわば自分自身を観察しているもう一人の自分のようなものです。

　メタ認知は，知識と活動という2つの成分で構成されています（三宮，2018）。知識の成分である**メタ認知的知識**には，人間の認知特性，課題の性質，課題解決の方略についての知識があり，活動の成分である**メタ認知的活動**には，モニタリングとコントロールの2つの活動があります（表2-2）。メタ認知的活動はメタ認知的知識に基づいて行われ，メタ認知的活動のモニタリングとコントロールは循環的に働きます。これらの流れを文章読解を例に説明したのが図2-4です。一般に，認知活動を的確に行うためには，適切なメタ認知的知識をもち，

モニタリングとコントロールを正確に行う必要があります。

　メタ認知は学習を効果的に進める上で重要な役割を果たします（第7章も参照）。メタ認知は小学校中学年頃に発達するため，小学校・中学校段階はメタ認知を育てる重要な時期といえます。小学校段階を通しての指導のポイントとして，

表2-2　メタ認知の成分と種類（三宮，2018 に基づいて作成）

成分	種類	定義	具体例
メタ認知的知識	人の認知特性についての知識	人間一般，自分，他者の認知特性についての知識	一度に多くのことを言われても覚えられない 私（あるいはAさん）は論理的思考が苦手だ
	課題についての知識	課題の性質についての知識	繰り上がりのある足し算は繰り上がりのない足し算よりも間違えやすい
	課題解決方略についての知識	課題をよりよく遂行するための工夫についての知識	計算ミスを防ぐためには検算が役立つ
メタ認知的活動	メタ認知的モニタリング	認知状態をモニターすること。自分の認知状態について気づくこと，予想すること，点検すること，評価することなど	「なんとなくわかっている」「この質問には簡単に答えられそうだ」「この解き方でよいのか」「この部分が理解できていない」
	メタ認知的コントロール	認知状態をコントロールすること。認知状態について目標や計画を立てたり，今の認知状態を修正したりすること	「的確に理解しよう」「わかるところから始めよう」「この考え方ではうまくいかないから，他の考え方をしてみよう」

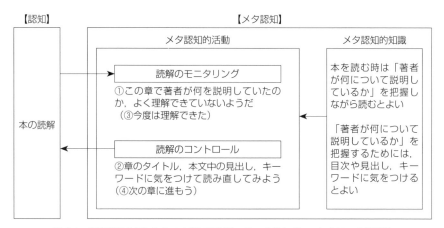

図2-4　文章読解を例としたメタ認知的知識，モニタリング，コントロールの関係

岡本（2010）は，①他者制御から自己制御への移行，②領域普遍から領域固有への移行という2点をあげています。①について，小学校低学年では教師や親が児童のメタ認知の代役を果たすことで，児童に学習活動を制御する体験を積ませます。たとえば，課題に取り組む前に「どこから始めるとよいか」「何に気をつける必要があるか」を一緒に考え，課題中にそれらを思い出せるようにサポートすることがあげられます。そして，中学年以降は，子どもが自発的にメタ認知を使って学習活動を進められるように導きます。たとえば，手がかりやヒントを与えることで（例：課題前に「どうやって取り組むとよいか」を問いかける），子どもがメタ認知をみずから実行できるようにします。②は，最初は学習活動全般に関わるメタ認知的知識・活動を身につけ，次にそれらを課題固有のものへと発達させていく指導を指します。たとえば，「間違いを減らすためにはよく見直しをするとよい」という学習活動全般に関わるメタ認知的知識を育てた上で，「小数の割り算では小数点の位置に気をつけながら見直すとよい」といった，特定の課題に関するメタ認知的知識を育てることがあげられています。

 第4節　青　年　期

　中学生・高校生の時期にあたる青年期は，形式的操作段階（11・12歳以降）におおむね対応しています。この時期の認知の発達として，抽象的な思考力と作動記憶容量の発達をみていきます。

1. 抽象的な思考力の発達

　具体的操作段階では抽象的な事柄や現実を離れた事象について論理的に考えることが困難でしたが，形式的操作段階になるとそれが可能になります。たとえば，先述した動物の大小比較問題では，与えられた条件に純粋に従って形式的に動物同士を比較して正解することができます。また，未知の事柄について仮説を立て検証していく仮説演繹的思考もできるようになります。

　こうした認知の発達に伴って，学校での授業もより抽象度の高いものになっていきます。たとえば，中学校の数学では，未知数を x という任意の記号で

表して方程式を解きますが，これは形式的操作段階の子どもでないと難しいことです。ただし，もっている抽象的思考力をどの程度うまく活用できるかは生徒により異なります。たとえば，一次方程式をすぐさま理解できる生徒もいれば，そうでない生徒もいます。また，数学的な領域では抽象的思考が苦手な一方で，言語的な領域ではそれが得意な生徒もいます。学習指導を行う際には，このような「個人間差」や「個人内差」に留意する必要があります。

2. 作動記憶（ワーキング・メモリ）の容量

　最近の研究から，青年期には作動記憶（第5章参照）の容量が成人と同じレベルに到達することがわかっています（キャザコール・アロウェイ，2009）。児童期から青年期前期までの作動記憶容量の発達を図2-5に示しました。作動記憶容量は5歳から11歳頃にかけて著しく増大し，青年期に入ってから増大が比較的緩やかになり，15歳頃で成人と同じレベルになるとされます。

　ただし，作動記憶容量には個人差があり，同じ年齢の子どもでも容量は大きく異なります（図2-6）。教師はこの個人差を十分考慮する必要があります。とりわけ教室で日常的に行う説明や指示について，児童生徒の情報処理の負荷を

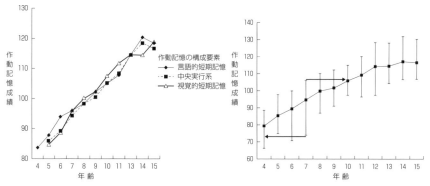

図2-5　児童期と青年期前期における作動記憶の構成　図2-6　作動記憶容量の個人差（キャザコール・
　　　　要素の発達（キャザコール・アロウェイ，2009）　　　　　　アロウェイ，2009）

注）図2-6について，垂直線の上端は各年齢グループでの上位10%，下端は下位10%に対応。7歳児の下位10%
　　（左向き矢印の始点）は4歳児の平均を下回り（矢印の終点），上位10%（右向き矢印の始点）は10歳児の平
　　均とほぼ一致します（矢印の終点）。つまり，7歳児の通常クラスでは，作動記憶容量に6歳の年齢幅に相当す
　　る個人差があることが示唆されます（キャザコール・アロウェイ，2009）。

減らす工夫が必要です。たとえば，一度に多くのことを言わない，口頭だけでなく板書も使う，などです。

　作動記憶や短期記憶の研究が示していることは，「人が短い時間で覚えていられる情報量には限界がある」という確固とした事実です。教師は，記憶容量に関するこういった事実を前提にして，指導の仕方を工夫する必要があります。

 ## 第5節　実践に向かって──認知発達の測定と教育への活用

　認知の発達は，質的な発達と量的な発達の2つの側面からとらえることができます。これまでの節で説明してきたピアジェの理論は，認知の質的発達に焦点を当てたものといえるでしょう。一方，量的な発達は主に知能研究のなかで扱われてきました。本節では，認知の量的な発達についての概要を述べるとともに，認知機能を量的に測定する道具である知能検査（最近では，認知能力検査と呼ばれることもあります）を解説し，その教育への活用を考えていきます。

1．認知の量的発達

　認知機能の量的な変化を表した代表的なものに，ウェクスラー（1972）の作成した知能の発達曲線があります（図2-7）。これは7〜65歳を対象に同じ知能検査を実施し，その平均得点を図にしたものです。この曲線を見ると，知能検査の平均得点が児童期・青年期にかけて急激に上昇することがわかります。

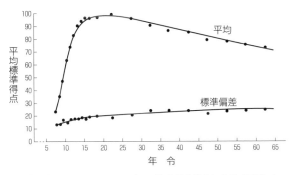

図2-7　年齢7〜65歳のウェクスラー・ベルビュー法全検査得点における変化（ウェスクラー，1972）

そして成人に至ると上限に達し，しばしその状態を維持した後に，少しずつ下降することが明らかにされました。

これに対しキャッテルとホーンは，知能検査で測定される認知機能を流動性知能（中枢神経系の成熟に由来する情報処理能力）と結晶性知能（経験によって蓄積される知識や技能）に分類し，この2つの成人期以降の発達を比較しました。その結果として，流動性知能は成人期以降になると衰えていきますが，結晶性知能は成人期以降も向上し続けることを報告しています（村田，1989）。また，シャイエは世代間差（時代による差）の影響を排除した大規模な研究を行いました。この研究から，流動性知能は成人期に入っても緩やかに伸び続け，40歳代がピークでありその後60代まではある程度維持されることがわかりました。また結晶性知能はピークが60歳代であり，その後も高い状態が続くことが明らかにされています（図2-8）（中里，1990）。認知の量的発達は，子どもが大人になる過程で急激に進んでいきますが，大人になってからも緩やかに伸びていくことが現在の考え方になっています。

2. 知 能 検 査

認知発達の水準を量的な側面から測定する道具として，しばしば用いられるのが知能検査です。現在につながる知能検査は，1905年にフランスの心理学者ビネーたちによって開発されました。その後，さまざまな知能検査が開発されていますが，ここでは日本で用いられる代表的なものとして，田中ビネー知能検査VとWISC-Ⅳをあげます。

（1）田中ビネー知能検査V（ファイブ）

ビネーたちの作った知能検査の流れを組むものであり，日本の心理学者田中寛一によって発表されました。現在使用されているものが第5版ということから，V（ファイ

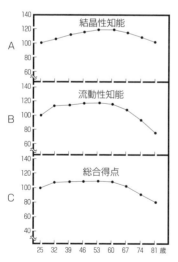

**図2-8 PMA 知能検査による修正された
知能の加齢パターン**（Schaie, 1980
のデータから中里，1984が作成）

ブ）という名称になっています（対象年齢は2歳から成人）。この検査の大きな特徴は，幼児期から児童期の子どもの認知機能の測定に，年齢尺度による検査課題の構成を取っている点です。さまざまな内容の検査課題を，ある年齢の子どもの多くが合格できるかを基準に分類して，その年齢に対応した一連の検査課題としています。具体的には，6歳の子にはかなり難しいが8歳の子には簡単にできてしまう，7歳の子の半数以上が合格できるいくつかの検査課題を7歳級の検査課題としています。これらの課題を合格できる子どもは，その年齢相応（この場合は7歳相応）の認知発達の水準にあることを明らかにできます。年齢尺度を用いることで示される，認知発達の水準を年齢で表したものを**精神年齢**といいます。この精神年齢を子どもの実際の年齢（生活年齢）で割り，100を掛けた数値が**知能指数**（IQ）となります。知能検査によって測定された精神年齢と生活年齢が一致した時，つまり年齢相応の認知発達の水準であった時にIQは100となります。田中ビネー知能検査Vでは，認知機能を1つの統一体と考えているため，算出される知能指数は1種類のみになります（田中教育研究所，2003）。

(2) 日本版 WISC-Ⅳ（ウィスク・フォー）

ウェクスラーによって開発された知能検査の児童版になります。現在用いられているのは，海外で開発された第4版を日本版に修正したものです（対象年齢は5歳0ヵ月から16歳11ヵ月）。この検査は年齢尺度による課題構成を取っていないため，精神年齢は算出されません。代わりに10種類以上の下位検査から構成されており，それぞれが異なる認知機能を測定します。これらの結果は，言語理解指標，知覚推理指標，ワーキングメモリー指標，処理速度指標の大きく4つの認知機能の指標に集約され，最終的に全検査IQ（FSIQ）が算出されます。認知機能を複数の要素に分けて数量化することで，子どもの個人内の認知機能の得手不得手，アンバランスさを明らかにできることが，この検査の大きな利点となります。WISC-Ⅳの4つの指標および全検査IQは，**偏差知能指数**（DIQ）の考え方を用いており，同じ年齢集団の検査の平均得点と比較してどの程度ずれているかを表しています。その子どもの検査の得点が，同じ年齢集団の平均得点と一致しているときに，これらの数値は100になります（日本

版 WISC-IV刊行委員会，2010)。

(3) 知能検査の教育現場への活用

　ビネーたちは知能検査を，特別な教育的ニーズのある子どもを支援する目的で開発しました。現在においても，知能検査のその大きな役割は変わっていません。2012 年の文部科学省の報告では，「学習面又は行動面で著しい困難を示す」児童・生徒が，小中学校の通常の学級に約 6.5％在籍していることが明らかになっています。彼らの多くは，認知発達に何らかのつまずきがあることが考えられます。読字や書字，計算に困難を示す**限局性学習症** (SLD)，注意集中や衝動性のコントロールに困難性のある**注意欠如・多動症** (ADHD)，社会的コミュニケーションの難しさや「こだわり」と表現される行動や興味の限定，感覚過敏などを抱える**自閉スペクトラム症** (ASD) といった，いわゆる「**発達障害**」のある子どもの抱える困難さは，認知発達の遅れや偏りがその背景の１つにあるといえます。子ども一人一人の認知発達の水準やその特徴を考慮した，教育的支援が今後さらに求められるでしょう。知能検査はその手がかりを与えてくれる有用なツールと言えます。

（楯誠・黒田祐二）

演 習 問 題

　(1) 無生物を含めたすべてのものが生きており，心があるとする考え方をアミニズムといいますが，アミニズムが表れた幼児の言動やエピソード（アミニズムの具体例）を挙げてみよう。
　(2) 子どものメタ認知を促す授業中の言葉かけや問いかけを複数挙げてみよう。

【参考・引用文献】

藤村宣之（2008）．知識の獲得・利用とメタ認知　三宮真智子（編）メタ認知——学習力を支える高次認知機能——　北大路書房　pp.39-54.

子安増生（編）（2005）．よくわかる認知発達とその支援　ミネルヴァ書房

キャザコール，S. E. & アロウェイ，T. P.（著）湯澤正通・湯澤美紀（訳）（2009）．ワーキングメ

　モリと学習指導―教師のための実践ガイド　北大路書房

村田孝次（1989）．生涯発達心理学の課題　培風館

中里克治（1990）．老人の知的能力　無藤隆・高橋恵子・田島信元（編）発達心理学入門Ⅱ―青年・成人・老人　東京大学出版　pp.119-132.

日本版 WISC-Ⅳ刊行委員会（訳編）（2010）．日本版 WISC-Ⅳ知能検査　理論・解釈マニュアル　日本文化科学社

岡本真彦（2010）．メタ認知の指導と評価　森敏昭・青木多寿子・淵上克義（編）よくわかる学校教育心理学　ミネルヴァ書房　pp.52-53.

岡本夏木（1991）．児童心理　岩波書店

三宮真智子（2018）．メタ認知で学ぶ力を高める――認知心理学が解き明かす効果的学習法――　北大路書房

滝沢武久（2007）．ピアジェ理論から見た幼児の発達　幼年教育出版

田中教育研究所（編）（2003）．田中ビネー知能検査Ⅴ　理論マニュアル　田研出版

内田伸子（1989）．幼児心理学への招待　サイエンス社

内田伸子（1991）．世界を知る枠組みの発達　内田・臼井・藤崎（編）ベーシック現代心理学　乳幼児の心理学　有斐閣　pp.131-152.

ウェクスラー，D.（1972）．成人知能の測定と評価　日本文化科学社

ヴォークレール，J.（2012）．乳幼児の発達――運動・知覚・認知――　新曜社

人間関係と社会性の発達

子どもは人間関係のなかでどのように成長する？

私たちが社会のなかで生きていくかぎり，他者との関係は切り離すことのできないものです。人々とより良い関係を築いていくことは，さまざまな社会的活動を円滑にし，さらには自分自身の人生の幸せにもつながるでしょう。しかし，価値観が多様化し，また人間関係が希薄化したといわれる現代社会では，他者と関わる上で何が大切なのかがわかりにくくなっていることも確かでしょう。また，何が大切かを見つけることができたとしても，それを実現するためにどうしていけばよいのかわからず，結局，途方に暮れてしまうかもしれません。私たちができることは，自分のこれまでの人間関係をふり返り，そこから何を学んできたのか確認することではないでしょうか。それらを整理する時に心理学の知見は大いに役立つと考えられます。自分の人間関係を心理学の観点から整理していくことによって，人間関係で大切だと思える"何か"も見つけることができると思います。人間関係という日常的で身近なものだからこそ，それを相対化したり他者に伝えたりすることは時として難しいものです。ここで一人ひとりが歩んできた人間関係の世界を見つめ直す意味でも，本章の学習に取り組んでほしいと思います。

 第1節　人間関係のはじまり
—— 私たちの他者とのかかわりはどのように生まれるのか？

1. 他者理解のはじまりと発達

(1) 自他の分化と人間への関心

生まれたばかりの乳児がはじめに理解しなければならないことは，何が自分で何が自分でないかということです。乳児はしきりに自分の手足を動かしたりそれを眺めたりしますが，このような活動を通してどこまでが自分なのかを乳児なりに学んでいるのです。こうして自他の分化が進むと，乳児はしだいに自分ではないものへの関心を高めていきます。

自分でないものへの関心は人間への関心へとつながります。高橋（1984）は乳児に人間の顔およびそれを変形させたいくつかの絵を提示しその様子を検討しました。すると2・3ヵ月の乳児はより人間らしい絵に対して多くの微笑反応を示すことが明らかとなりました。また興味深いことに，子どもよりおとなの図形（絵）に対してより多くの微笑反応を示しました。乳児が人間に関心をもっていること，また生きていく上で重要な対象であるおとなを見分ける能力をもっていることがわかります。

(2) 心をもつ他者としての理解──心の理論の発達

　子どもは次第に他者が「心」をもった存在であることに気づくようになります。ただし，心についての理解はおとなのそれほど十分なものとはいえません。子どもが心についての理解をどのように発達させていくのか，を明らかにしようとしているのが**心の理論**に関する研究です。

　心の理論とは「いろいろな心的状態を区別したり，心のはたらきや性質を理解したりする知識や認知的枠組み」ということができます。たとえば，2歳程度の幼児であっても人は「意図」をもち，それに基づいて行動をするという理解をしています。たとえば，お母さんがご飯を食べたのはお母さんの心がご飯を食べようとしたからだ，と理解しているのです。ただし，より複雑な心の要素について理解することは年齢の低い子どもでは難しいことも明らかにされています。

　たとえば「信念」に関する理解は，年少児では難しいことが示されています。信念とは，自分や他者が心のなかで対象をどのように認知しているか，ということを表すものです。心の理論研究では**誤った信念課題**を用いて，子どもの信念理解に関する実験を行っています。この課題では，子どもに図3-1に示すようなストーリーを提示し，サリーがどちらの箱を探そうとするのかを答えてもらいます。3歳の子どもは，サリーは右の箱を探すと答えてしまい，正答することができません。一方，4歳頃からサリーは左側の箱を探すだろうと正しく回答することのできる子どもたちが増えていきます。誤った信念課題に関する研究からは，4〜7歳にかけて子どもは自分の信念と他者の信念とを区別してとらえることができるようになることが示されています。

　心の理論を獲得し発達させることは，子どもが他者と関わりながら成長して

これはサリーです。 これはアンです。

サリーはカゴを
もっています。

アンは箱を
もっています。

サリーはビー玉を
もっています。

サリーはビー玉を自分のカゴに入れました。

サリーは外に散歩に出かけました。

アンはサリーのビー玉を
カゴから取り出すと，
自分の箱に入れました。

さて，サリーが
帰ってきました。

サリーは自分のビー玉で
遊びたいと思いました。

サリーがビー玉を探すのはどこでしょう？

図 3-1 誤った信念課題（サリーとアンの課題）
（Frith, U., 1989；冨田真紀・清水康夫，1991 より作成）

いく時には重要なものです。発達の過程で心の理論はさらに分化され，複雑な心と行動の関係性も理解できるようになります。自閉スペクトラム症（障害）の子どもは，年齢が高くなっても誤った信念課題に正答することが難しく，他者の心を理解することに大きな障害のあることが知られています。

2. コミュニケーションの基盤

(1) 発達最初期のコミュニケーション

　生後しばらくの間は乳児から親をはじめとする周囲の人間への反応はあまり多くありません。しかし，4〜5ヵ月頃になると親しい人（親やきょうだい）に対して微笑む姿がみられるようになります。このような微笑は**社会的微笑**と呼ばれます。社会的微笑は他者に意図的に向けられた反応であり，乳児から発せられたコミュニケーションととらえることができるでしょう。

(2) 乳児におけるコミュニケーションの発展──三項関係と共同注意

　乳児における最初のコミュニケーションは**二項関係**と呼ばれる単純なものです。二項関係では，母親と乳児との間で直接的なかかわりが展開されるのみです（たとえば，「いないいないばあ」や授乳時のかかわりは二項関係といえます）。9ヵ月頃になると，乳児と母親が一緒のものを見たり（母親がとっさにふり向いた方向を乳児も見る，など），乳児が興味のあるものを母親に指し示したりする（とってほしいおもちゃを指さす，など）様子（**共同注意**）がみられるようになります。このような，ある対象を媒介として自分と母親とがコミュニケーションをする関係を**三項関係**といい，二項関係よりも進んだコミュニケーションの形ととらえることができます。この変化は，乳児が他者が心をもつ存在であることを推測できるようになりつつある証拠でもあります。

(3) 親子間のコミュニケーション──愛着の形成と発達

　乳児にとっての主要なコミュニケーションの相手は養育者（主に母親）です。乳児と養育者とのコミュニケーションは**愛着**（**アタッチメント**）という観点から検討されています。愛着とは，親と子の間に形成されるような緊密な情緒的結びつきのことです。愛着研究で有名なボウルビィ（Bowlby, J.）は，愛着を，特定対象との近接関係を確立・維持しようとする欲求と，それを満たすための行

動パターンであると述べています。このことは，私たち人間にとって誰かと一緒にいることそのものが安心感をもたらしたり，心のエネルギーを充足させたりするというはたらきをもつことを示しています。

(4) 愛着行動とその発達段階

具体的な愛着行動として，発信行動（泣き，微笑，発声など），定位行動（注視，後追い，接近など），能動的身体接触行動（よじ登り，抱きつき，しがみつきなど）の3つの種類があります。どのような愛着行動がみられるかというのは発達によって異なり，4つの段階に分けられています。

第1段階は「人物の識別を伴わない定位と発信」（出生から生後8～12週頃まで）です。この段階では発信行動や定位行動が多くみられますが，それらは特定の対象に向けられたものではありません。第2段階は「ひとりまたは数人の特定対象に対する定位と発信」（12週頃から6ヵ月頃まで）で，この段階では愛着行動の向けられる対象が限定的になります。多くの場合それは母親に向けられます。このことから，自分にとって重要な意味をもつ人物を乳児が認識できるようになりつつあることがわかります。第3段階は「発信および移動による特定対象への近接の維持」（生後6ヵ月頃から2・3歳頃）であり，この頃には母親とできるだけ一緒にいようとする気持ちが強くなります。そのため，この時期には分離不安や人見知りがみられるようになります。第4段階は「目標修正的な協調性形成」（3歳前後から）です。この時期になると，子どもは必ずしも母親と一緒ではなくても安定して生活できるようになります。なぜなら，心のなかに母親の表象（たとえば，やさしいお母さん，助けてくれるお母さんといったイメージ）を形成し，それによって自分自身を安定させることができるようになるのです。たとえば，ひとりでのお遣いなどで子どもが不安になった時，母親からもらったお守りに語りかけ気持ちを落ち着かせようとする姿は，愛着関係が第4段階に入ったことを示すものといえるでしょう。心のなかに内在化された愛着に関する表象は内的ワーキングモデルといわれ，その人のその後の人間関係に影響を及ぼすものといわれています。

(5) 愛着の個人差

エインズワース（Ainsworth, M. D. S.）は愛着には個人差が存在することを**ストレンジシチュエーション法**という実験的方法を用いて明らかにしています。

この実験では子どもが養育者との分離場面・再会場面でどのような行動を示すのかということを基本に，愛着のタイプを回避型，安定型，アンビバレント型，無秩序・無方向型の４つのタイプに分類しました（表3-1）。

　さらに，エインズワースは母親の家庭における子どもへのかかわりについて

表3-1　愛着のタイプとそれぞれのタイプにおける母親の関わり（数井，2005）

子どもが発達させるアタッチメントの特徴	養育における親の特徴
安定型（Secure）：親が部屋から出ていく時には，それを止めようとする。親がいない間は泣くあるいは，ぐずり，見知らぬ他者の女性の慰めを少しは受け入れる。親が戻ってくると喜んで迎え，親に抱かれるか，あるいは接触を受けると落ち着く。そして，またおもちゃで遊び出し，親との相互作用をする。	子どもの欲求や状態の変化に敏感であり，子どもの行動を過剰に，あるいは無理に統制しようとすることが少ない。また子どもとの相互作用は調和的であり，親の方もやりとりを楽しんでいることがうかがえる。遊びや身体的接触も子どもに適した快適さでしている。
回避型（Avoidant）：親との分離に際して，反抗したり泣いたりしない。親がいない間も泣くこともない。そして，見知らぬ女性ともある程度の相互作用が起こる。また，親が戻ってきた時に，親を喜んで迎えるという行動をとらず，ドアのほうをちらっと見る程度でそのまま遊び続ける。	全般的に，子どもの働きかけに対して拒否的に振る舞うことが多いが，特にアタッチメント欲求を出した時にその傾向がある。子どもに微笑んだり，身体的に接触したりすることが少ない。また，子どもの行動を強く統制しようとするかかわりが，相対的に多く見られる。
アンビバレント型（Ambivalent）：親が部屋から出ていく時には，泣いて止めようとする。親がいない間も泣きが激しいので，分離時間が短縮されて親はすぐに戻ってくる。親を迎えるが，親が抱き上げると怒って背中を反らし，下へおろせという表示をするが，おろすと抱けという表示をする。つまり，どちらともつかない行動を見せる。情動的な動揺はほとんど収まらないので，そのまま親に接触している状態が続く。	子どもの信号に対する応答性，感受性が相対的に低く，子どもの状態を適切に調整することが不得意である。応答する時もあるし，応答しない時もある。子どもとの間で肯定的なやりとりができる時もあるが，それは子どもの欲求に応じたというよりも，親の気分や都合に合わせたものであることが多い。結果として，応答がずれたり，一貫性を欠いたりすることが多くなる。
無秩序・無方向性型（Disorganized）：上記３タイプに分類不能だとされる，養育者への近接に矛盾した不可解な行動を見せるタイプ。親が戻ってきた場面に，後ろずさる，床に腹這いになり動かない，突然のすくみ，場違いな行動，親に対する怯え，近接したいのか回避したいのかわからないどっちつかずの状態が長く遷延，などの行動を示す。	養育者が，子どもにとって理解不能な行動を突然とることがある。たとえば，結果として子どもを直接虐待するような行為であったり，あるいは，わけのわからない何かに怯えているような行動であったりする。そのような子どもにとってわけのわからない親の行動や様子は，子どもに恐怖感をもたらす。そのため，子どもはなすすべがなく，どのように自分が行動をとっていいかわからなくなり，混乱する。

も観察し，それぞれの愛着のタイプに特徴的な母子関係のあることが明らかになりました。この結果は，子どもの愛着パターンは親との相互作用の結果であることを意味しています。たとえば，回避型の子どもの場合，養育者に近づきすぎると嫌がられてしまうため，そうならないための方略として，養育者との適度な距離を保ちながら関わるという回避型の愛着スタイルになったと考えることができます。親のかかわりが子どもの行動や性格形成に大きな影響を及ぼすことを示唆するものといえるでしょう。

　ここまでみてきたように，子どもは生まれて間もない頃から他者に関心を示し関係を形成し始めます。初期の関係性，とくに，養育者との関係性は基本的信頼感の形成にも影響する大切なものであります。

 ## 第2節　人間関係の広がり

1．家族との関係——親の養育スタイルと子どもの人格発達

　親が子どもにどのように関わるかということは，子どもの人格発達に大きな影響を及ぼします。バウムリンド（Baumrind, D）は，親の養育スタイルを受容性・応答性と要求性・統制性の2つの次元から図3-2の4つのタイプに分類しました。

　権威的養育においては，子どもを親の指示や命令に従わせ，それができない場合には子どもに罰を与えるようなかかわりが行われます。子どもの意志や望みよりも親の考えが優先されるような関係といえます。この養育スタイルのもとで育った子どもは，人と比べられることに不安を抱きやすく，自分から行動を始められないという傾向があります。

　信頼的養育では，基本的には子どもの自立性を尊重し，親

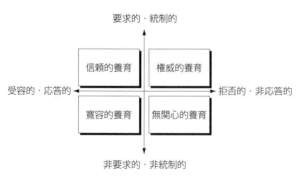

図3-2　養育スタイルの分類（Baumrind, 1971；櫻井・大川，2010）

は適度で必要な制限を与えるようなかかわりが行われます。親と子どもとが話しあう機会が多くもたれ，最終的には子どもが自分自身でものごとを決定する機会を与えられます。親は子どもが自分自身で適切な決定ができるように支援的なかかわりをします。この養育スタイルのもとで育った子どもは，社会的に有能であり，自信が高く，責任感が強いという傾向があります。

　無関心的養育では，親が子どもに対してほとんど関与せず，親が自分の子どものことを十分に把握していません。いわゆる放任的なかかわりであり，親は子どもの発達に必要な援助を与えることがあまりありません。このような養育スタイルのもとで育った子どもは，セルフコントロールや自立性の課題において問題をもつ傾向があります。

　寛容的養育では，親は子どもに関わるものの，子どもの希望や欲求が優先され，親から子どもに対して必要な要求や制限がなされることが少ないという特徴があります。いわゆる過保護や甘やかしといえるかかわり方といえるでしょう。このような養育スタイルのもとで育った子どもは，他者を思いやる気持ちが低いという問題や感情や行動のコントロールが適切にできないという問題をもちやすい傾向があります。

　子どもの人格的発達の背景にはこのような親とのかかわり方があることを承知しておくことは必要でしょう。そこから，その子どもにどのようなかかわりが不足しているのかを考え，対応につなげていくことが求められます。

2．仲間関係への広がり

　私たちにとって仲間関係はほかの関係とは異なる重要な意味をもっています。親子関係や子どもと教師との関係はいわゆる「タテ」の関係ですが，それに対して仲間関係は「ヨコ」の関係ととらえることができるでしょう。ヨコの関係であるからこそ得られるさまざまな刺激や経験が仲間関係にはあるといえます。

（1）乳幼児の仲間関係の特徴

　生まれて間もない乳児でさえも仲間を意識することができるといわれています。櫃田（1986）は乳児の観察から3・4ヵ月で他児を見る行動がみられ，5ヵ月では視線での相互関係がみられることを報告しています。ただし，この頃は

乳児同士の直接的な相互作用はみられません。

　直接的な相互作用がみられるようになるのは6・7ヵ月頃になってからです。この時期になると，触ったり触り返したりする行動や，ものを取りあうといった行動もしだいにみられるようになってきます。ただし，その多くは一方的なかかわりであり，やりとりが継続されるような場面はあまりありません。相互的で持続的なかかわりがみられるようになるのは1歳3ヵ月になる頃からです。

（2）幼児期の仲間関係

　幼児期の仲間関係を理解しようとする時には，遊びの発達についての知見が参考になります。パーテン（Parten, M. B.）は，子どもの遊びの様相は図3-3のように変化することを示しています。幼児期のはじめには，互いにかかわりをもたない並行遊びや一人遊びの多いことや，発達が進むと連合遊びや協同遊びが増え，かかわりのある遊びの多くなることがわかります。仲間と関わることによって遊びに広がりが生まれます。また，遊びのなかで生じる行き違いや葛藤は，自己や他者に関する理解を育むことにもつながるといえます。

（3）児童期の仲間関係

　児童期に入ると仲間関係に変化が訪れます。特定の仲間との持続的な人間関係，つまり**友人関係**が現れます。ただし友人のとらえ方は児童期のなかでもその時期によって異なることをビゲロー（1977）が明らかにしています。それによると，①報酬－コストの段階（2，3年生～：友人とは，近くに住み，自分と一緒にまたは自分のしたいように遊んでくれる人，ととらえている），②規範的段階（4，5年生～：友人には忠誠が期待され，共同，助けあいなどが求められる。価値や規則，規範の共有が重要となる），③共感的段階（5，6年生～：忠誠，誠実のほか相互理解，受容，共通の興味，親密な自己開示が友人には期待される）という段階的変化があり，自分中心的な友人のとらえ方から，相互的な友人のとらえ方へと変化することが

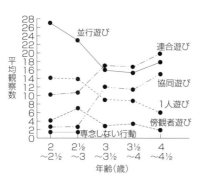

図3-3　遊びの発達的変化（Parten, 1932：桜井，2006）

示されています。

　このように児童期では，友人やクラスメートなどの仲間が発達に重要な影響を及ぼすようになります。その反面，仲間との関係をうまく形成することができない子どもも出てきます。とくに，小学校3，4年生くらいになると仲間関係が安定するといわれており，仲間から排斥されたり無視されたりする子どもが教育場面における問題となり始めます。

　子どもたちの仲間関係を知る手段として**ソシオメトリック・テスト**があげられます。このテストにより排斥児や孤立児と判断される子どもはいわゆる「友だちのできにくい子」であり，自己や社会性の発達に不利益を被る可能性が高い子どもといえるでしょう。友だちができにくい子どもには，引っ込み思案のタイプや反対に攻撃的なタイプが多いことが明らかになっています。これらの子どもたちに対しては社会的スキル訓練などを通して，仲間に対する適切なかかわり方を獲得させていくことや，後述する役割取得の能力を高めていくことができるような対応が求められるでしょう。

(4) 青年期の仲間関係

　第二次性徴とともに始まる青年期において，仲間の意味はより重要なものとなります。原田（1989）によると，青年期には同じ目標をもつ同志的結合や，同じ趣味を共有する同好的結合が増え，青年期の課題でもある**アイデンティティ（自我同一性）**の形成（達成）に大きな影響を及ぼすものとなります。

　とくに，青年前期において仲間と関係を形成できることは発達上きわめて重要であることが指摘されています。ケーガン（1982）はエリクソンが提示する青年期の発達課題である「同一性対同一性拡散」の以前に「仲間関係対排斥」の課題があると主張しています。すなわち仲間たちから受け入れられ，そこに自分の居場所を見つけることがこの時期の青年にとっては大きな関心事であり，それが後の適応的発達に影響するとしているのです。

　仲間から受け入れられたいという気持ちは，同時に仲間から嫌われたくないという気持ちをもたせることにもなるでしょう。藤井（2001）は近づきたいが自分にとって適度な距離以上に近づきすぎたくない，離れたいが離れすぎたくないというジレンマ（**ヤマアラシのジレンマ**）が現代青年の特徴であり，人間関

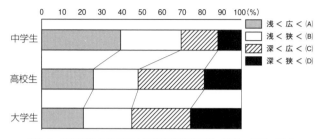

図3-4　青年期における友人関係の発達的変化 (落合・佐藤, 1996)

係の悪循環を生む一要因であることを指摘しています。

仲間との関係の発達的変化については，落合と佐藤(1996)が図3-4のように発達することを明らかにしています。ここからは，仲間との関係が浅いつきあいから深いつきあいへと変化することを読みとることができますが，一方で，大学生の段階であっても約半数が浅いつきあい方をしていることも同時にわかります。現代の青年の友人関係の特徴を「関係の希薄さ」「見かけのノリのよさ：群れ」「やさしさ：傷つけられる・傷つけることへの恐れ」の3つにまとめている研究者もいます（岡田, 2014）。インターネットをはじめとする情報化が進むなかで，青年の人間関係はさらに変化していくことも予想されます。

　ここまでみてきたように，仲間関係や友人関係は，それぞれの発達段階で重要な意味をもっていることがわかります。子どもに関わる人たちは，発達段階に応じた仲間関係の様相について十分理解することが大切です。また，一人ひとりの子どもにとって必要な仲間関係・友人関係を形成することができるよう支援していくことも大切といえます。

 第3節　社会性とその発達 ── **思いやりの気持ちはどのように発達するのか**

　これまでみてきたように，私たちはさまざまな人間関係のなかで生活しています。では，その人間関係をより良い形で営んでいくためには，どのようなことが求められるのでしょうか。このことについて社会性という観点から考えていきたいと思います。

　社会性とは，その社会が支持する生活習慣，価値規範，行動基準などに沿った行動がとれるという全般的な社会的適応性を示す用語ですが，平たくは，人

や社会と適切に関わる力といえます（鈴木, 2011）。ここでは，子どもの社会性にとって重要なトピックである向社会的行動と道徳性についてみていきます。

1. 向社会的行動とその発達——思いやりはどのように育まれるのか？

（1）向社会的行動とは

向社会的行動とは，他者あるいはほかの人々の集団を助けようとしたり，こうした人々のためになることをしようとする自発的な行為（Eisenberg &Mussen, 1989）です。私たちは，向社会的行動は他者への愛他的動機からもたらされると思いがちですが，心理学の定義では，ほかの人に認めてもらいたい，あるいは結果的に自分が得したいといった利己的な動機によって行動が起こされる場合でも，それが他者のためになる行動であるのならば向社会的行動ととらえています。

（2）向社会的行動の発達

1歳半から2歳頃にすでに向社会的行動の芽生えがみられます。この時期の子どもには，自分のおもちゃをおとなに与えたり，貸したりする行動がみられます（Rheingold, 1982）。きょうだい間のやりとりでは相手を助けてあげようとする行動や，泣いている他者を慰めようとする行動も観察されます（Zahn-Waxler&Radke-Yarrow, 1982）。これらは向社会的行動の原初的なものととらえられ，すでにこの時期において他者志向的な行動がみられることは注目すべきことでしょう。

幼児期後期以降は，発達に伴って向社会的行動の行われる機会が増加し，その行動レパートリーは広がりをみせます。たとえば，赤ちゃんにミルクを与えようと母親が哺乳瓶を探している場面で，就学前児は哺乳瓶の場所を指さすだけですが，小学1・2年生は，自分で哺乳瓶を取ってきて赤ちゃんにミルクを飲ませようとします（Zahn-Waxler et al., 1983）。ただし，青年前期においては一時的に向社会的行動が減少するということも指摘されています。その理由として，この時期には「助けられた相手が困るのではないか」「助けてほしくないのではないか」といった**援助の受け手に対する配慮**が考慮されるようになることが指摘されています（Midlarsky& Hannah, 1985）。

（3）向社会的行動をもたらす心理的要因

　では，向社会的行動をもたらしている心理的な要因とはなんでしょうか。ここでは役割取得と共感性という2つを取り上げ紹介します。

①役割取得

　社会的場面では，他者の立場に立って考え行動することが重要です。このような，他者の思考，感情，視点を理解する能力のことを**役割取得**と呼んでいます。役割取得の能力の発達段階がセルマン（Selman, L. R.）によって提起されています（表3-2）。このモデルに示されていることは，役割取得の能力はそれぞれの発達段階で限界があるということでもあります。たとえば，6歳の子どもであれば，遊び相手が泣き始めた場面で，自分と相手との間に気持ちのすれ違いがあったことは気づくことができるものの，相手がなぜ泣き始めたのかはうまく理解することはできません。これはこの時期の役割取得能力の限界と考えられるでしょう。

表3-2　セルマンの役割取得（社会的視点取得）の発達段階（Selman, 1995：渡辺, 2000）

レベル0：自己中心的役割取得（3-5歳）
　自分の視点と他者の視点を区別することが難しい。同時に，他者の身体的特性を心理面と区別することが難しい。同じ状況でも，自分の見方と他者の見方が必ずしも同じでないことがあることに気づかない。

レベル1：主観的役割取得（6-7歳）
　自分の視点と他者の視点を区別して理解するが同時に双方を関連づけることができない。また，他者の意図と行動を区別して考えられるようになることから，行動が意図的かそうでないかを考慮するようにもなる。ただし，「他者が笑っていれば幸せだ」といった表面的な行動から感情を判断するところがある。

レベル2：二人称相応的役割取得（8-11歳）
　他者の視点に立って自分の思考や行動について内省できる。したがって，他者もそうすることができることがわかる。また，外見と自分だけが知る現実の自分という2つの層が存在することを理解し，社会的な交渉もそうした2層性で営まれているために，人の内省を正しく理解するのは限界があることを認識できるようになる。

レベル3：三人称相互的役割取得（12-14歳）
　自分と他者の視点の外，すなわち，第三者的視点をとることができるようになる。したがって，自分と他者の観点の外から，自分と他者の視点や相互作用を互いに調節し，考慮することができるようになる。

レベル4：一般化された他者としての役割取得段階（15-18歳）
　多様な視点が存在する状況で自分自身の視点を理解する。人のなかにある無意識の世界を理解する。互いの主観的視点がより深い，象徴的レベルで存在するものと概念化しているため，「言わなくても明らかな」といった深いところで共有された意味を認識する。

---

②共　感　性

共感性とは，他者の感情あるいは他者の置かれている状況を認知して，同じ方向の感情を共有することです。共感性には，①共感的関心（他者の不運な感情体験に対し，自分も同じような気持ちになり，他者の状況に対応した他者志向の温かい気持ちをもつ），②個人的苦痛（他者の苦痛に対して不安や苦痛など，他者に向かわない自分中心の感情的反応をする），③ファンタジー（小説や映画などに登場する架空の他者に感情移入する），④気持ちの想像（他者の気持ちや状況を想像する）という４つの側面のあることが明らかにされています（登張，2003）。このことから，共感性が複合的な心理的特性であることがわかります。

　共感性の発達について，ホフマン（1987）は表3-3の通り整理しています。この表に示されているように，発達によって共感が質的に異なることがわかります。自他が未分化な共感から分化された共感へ，感情的側面が優位な共感から認知的理解を含む共感へと発達することが読みとれるでしょう。

表 3-3　共感性の発達 (Hoffman, 1987；井上・久保，1997)

①**全体的共感**：自己と他者を区別できるようになる以前に，他者の苦痛を目撃することで共感的苦痛を経験する。他者の苦痛の手がかりと自分に喚起された不快な感情とを混同して，他者に起こったことを自分自身に起こっているかのようにふるまう（例：他の子どもが転んで泣くのを見て自分も泣きそうになる）。

②**自己中心的共感**：自己と他者がある程度区別できるようになり，苦痛を感じている人が自分ではなく他者であることに気づいているが，他者の内的状態を自分自身と同じであると仮定する（例：泣いている友だちをなぐさめるために，その子の母親ではなく，自分の母親を連れてくる）。

③**他者の感情への共感**：役割取得能力が発達するにつれて，他者の感情は自分自身の感情とは異なり，その人自身の要求や解釈に基づいていることに気づく。言語獲得に伴い，他者の感情状態を示す手がかりにますます敏感になり，ついには他者が目の前にいなくてもその人の苦痛に関する情報によって共感する。

④**他者の人生への共感**：児童期後期までに，自己と他者は異なった歴史とアイデンティティをもち，現在の状況のみならず人生経験に対しても喜びや苦しみを感じることを理解して共感する。社会的概念を形成する能力を獲得すると，さまざまな集団や階層の人々に対しても共感するようになる。

2. 道徳性とその発達──正しさを判断する心はどのように育つのか

(1) 道徳性とは

道徳性のとらえ方にはさまざまな立場が存在しますが，基本的には，社会生活におけるさまざまな規範を内面化したり，その規範に基づいて判断したりする「能力」ということができます。言い換えれば，何が正しいこと・適切なことなのかを判断する力といえるでしょう。何が正しいのかということについて，現実にははっきりとした答えを出すことはおとなでも難しいことです。そのようなこともあり，近年の道徳研究においては，発達による道徳判断のあり方（判断の根拠や判断に至る心理的過程）の変化について検討されています。

(2) 道徳性の発達

道徳性の発達についてコールバーグ（Kohlberg, L.）は，人間の道徳的判断場面での考え方が，自分本位の考え方（前慣習的水準）から社会の規則や常識に従った考え方（慣習的水準）へ，さらには良心や倫理観に従った考え方（慣習以降の自律的・原則的水準）へと発達することを示しています。また，アイゼンバーグ

表3-4 アイゼンバーグによる道徳推論のジレンマの例 (広田，2000)

ある日，メアリー（エリック）という名前の女の子（男の子）が，友達の誕生会に行こうとしていました。その途中メアリー（エリック）は，転んで足にけがをした女の子（男の子）に出会いました。その子はメアリーに，その子の家まで行って，病院に連れて行くために親を呼んできてくれるよう頼みました。しかしたとえ，その子の親を呼びに走って行ったとしても，メアリーは誕生会に遅れてしまい，アイスクリームやケーキを食べ損なったり，ゲームに参加できなくなったりするかもしれません。メアリーはどうするべきなのでしょうか？　またその行動をする理由は？　（　）は男子用 （Eisenberg, 1986：幼稚園児と小学生用）
ボブは水泳の上手な若者ですが，身体障害があるために歩くことができない子どもに，水泳を教えてくれと頼まれました。水泳を練習することで，足が強くなり，歩けるようになるかもしれないというのです。この役割をうまくこなすことができるのは，この町ではボブだけです。なぜなら，救助法を知っていて，水泳を教えたことがあるのは，ボブだけだからです。しかし，その子どもに水泳を教えると，仕事や学校に行った後の残りの自由時間は，ほとんどそれに費やされてしまいます。それにボブは，これから何回か重要な大会に参加するために，できるだけ多く練習をしたいと考えています。自分の自由時間を全部使って練習をしないと，ボブが大会で勝つチャンスは少なくなりますし，大学での奨学金や練習の機会も手に入れることはむずかしくなるのです。ボブはこの子に教えることを引き受けるべきでしょうか？　またその行動をとる理由はなんですか？ （Mussen & Eisenberg, 1977：小・中学生，高校生用）

(Eisenberg, N.) は，表 3-4 に示すようなシナリオ（ジレンマ課題）を用いて，そこで子どもがどのような判断をするのか，そしてまた，判断の理由は何なのかということについて検討し，表 3-5 のような発達モデルを提唱しました。これらのモデルは人間が道徳的課題に対して，どのように向きあっていくべきかを考える意味でも示唆に富んだものといえます。

　社会性は生涯にわたって発達していくものです。子どもに接する教師は，その先のより良い発達を目指して，その時の子どもに何を経験させどのような力を身につけさせたいのかを考えながらかかわりをもっていくことが大切でしょう。

表 3-5　向社会的道徳推論のレベル（Eisenberg, 1986；広田, 2000）

レベル 1：快楽主義的・自己焦点的指向
道徳的な考慮よりも自己に向けられた結果に関心をもっている。他者を助けるか助けないかの理由は，自分に直接得るものがあるかどうか，将来にお返しがあるかどうか，自分が必要としたり好きだったりする相手かどうか（情緒的な結びつきによる），といった考慮である。〔小学校入学前および小学校低学年で有力〕

レベル 2：（他者の）要求指向
他者の要求が自分の要求と対立するものであっても，他者の身体的，物質的，心理的要求に関心を示す。この関心は，思慮深く考えられた役割取得，同情の言語的表現，罪のような内面化された感情への言及といった明確な証拠なしに，きわめて単純なことばで表明される。〔小学校入学前および多くの小学生で有力〕

レベル 3：承認および対人的指向，あるいはステレオタイプ化された指向
良い人・悪い人，良い行動・悪い行動についてのステレオタイプ化されたイメージ，もしくは他者からの承認や受容を考慮することが，向社会的行動あるいは援助的行動を行うかどうかを正当化する理由として用いられる。〔一部の小学生と中・高校生で有力〕

レベル 4a：自己反省的な共感的指向
このレベルの人の判断には，自己反省的な同情的応答もしくは役割取得，他者の人間性への関心，人の行為の結果に関連した罪もしくはポジティブな感情などが含まれている。〔小学校高学年の少数と多くの中・高校生で有力〕

レベル 4b：移行段階
助けたり助けなかったりする理由は，内面化された価値や規範，義務および責任を含んでおり，より大きな社会の条件，あるいは他者の権利や尊厳を守る必要性への言及を含んでいる。しかし，これらの考えは明確に強く述べられるわけではない。
〔中・高校生の少数とそれ以上の年齢で有力〕

レベル 5：強く内面化された段階
助けるか助けないかを正当化する理由は，内面化された価値，規範，責任性，個人的および社会的に契約した義務を維持したり社会の条件を改善しようとする願望，すべての個人の尊厳，権利および平等についての信念に基づいている。
自分自身の価値や受容した規範に従って生きることにより，自尊心を保つことに関わるプラスあるいはマイナスの感情も，この段階の特徴である。
〔中・高校生のごく少数で有力で，小学生ではまったくみられない〕

実践に向かって
——一人ひとりの人間関係・社会性のために学校と教師は何ができるのか？

1. 人間関係・社会性の発達における学校の役割

　子どもが適切な社会性や人間関係を育んでいくためには，本来，学校だけでなくさまざまな場での経験と学びが必要です。以前は，生活する上での基本的なマナーや他者へのかかわり方は，家庭や地域のなかで学んでいくものと考えられてきました。しかし，近年ではその家庭や地域の教育力の低下が指摘されるようになり，不足した生活面の学びは学校教育のなかで補おうとする動きもあります。学校はもはや勉強や課外活動のみを教えていればよい場ではなく，一人ひとりの子どもの生活するための力を，ていねいに教育しなければならなくなってきていることを私たちは理解しなければならないでしょう。実は，多くの大学で行われているマナー講座や面接講座も学生に生活力を向上させるひとつの取り組みといえます。

2. 子どもたちに関わる2つの観点——問題解決的な観点と発達促進的な観点

　子どもたちの社会性の問題に適切に関わるためには，2つの観点をもちあわせておくことが必要です。1つが発達促進的な観点，もう1つが問題解決的な観点です。

　発達促進的な観点とは，その子どもの社会性がより良い形で発展していくような支援を行っていくということです。たとえば，学級で構成的グループエンカウンターのような人間理解や社会的スキルを増進させるような活動を行うことは，子どもたちにとって将来必要となる力を身につけさせることになるでしょう。すなわち，発達促進的なかかわりとは，適応的に発達している子どもたちに対して，さらなる進歩を目指した教育的な働きかけということができます。

　もうひとつの**問題解決的な観点**とは，なんらかの葛藤や不適応を抱えている子どもに対して，その問題が改善されるような支援を行っていくことです。たとえば，友人がなかなかできない，あるいは，仲間に対して効果的なかかわりができないといった子どもへの対応です。このような子どもに対応する場合に

は，その子どもにとっての社会性の課題はどのような点にあるのかを十分に見定め，適切な対応目標を決めてかかわりをもつことが必要です。

　人間関係や社会性に問題を抱える子どもの場合，中長期的なスパンでの，また幅広い観点からの対応を考えていくことも重要です。なぜなら，子どもの示す問題にはその他の多くのさまざまな問題（家庭の問題など）が複雑に絡んでいる場合が多くあり，早急な解決を目指した対応は子どもに心理的負担を与えかねないからです。そのためにも，無理のない刺激とペースで関わり続けることが求められます。まさに個々のケースに合わせた対応を心がけることが大切といえます。

3．人間関係の問題は一人の教師だけで解決することができるのだろうか？

　子どもの人間関係・社会性の問題に対して一人の教師だけで効果的に対応できる場合はほとんどないでしょう。その大きな理由は，人間関係や社会性というものが，そもそも複数の人々とのかかわりのなかで育まれるものだからです。なんらかの問題をもった子どもに対しては，複数の者がチームを構成して対応することが望ましいといえます。このような対応の仕方は**チーム援助**と呼ばれており，学校心理学の分野でもその効果と重要性が指摘されています。

　チームには，その子どもの担任はもとより，学年主任や管理職も加わることが重要といえます。さらに，**養護教諭**や**スクールカウンセラー**が加わればより専門的な観点からの対応が可能になり，保護者が加われば学校では知ることのできない子どもの情報をも知ることができます。また，不登校や発達障害などいっそうの慎重かつ適切な対応が求められるケースにおいては，外部の専門機関（児童相談所や教育相談センターなど）と連携していくことも大切なこととなります。このように複数の者や機関が連携することによってチーム援助の効果はさらに高まるでしょう。

　チームで関わるもうひとつの意味は，1人の教師に過剰な負担をかけないということにもあります。問題を抱える子どもにたった1人の教師で対応しなければならない場合，その教員への物理的・精神的負担が高まり，結局は子どもとの間で悪循環が生じやすくなってしまいます。チームを組むことは，援助資源を広げるばかりでなく，一人ひとりの負担を少なくするという点で意義が大

きいものといえます。ただし，チーム援助といえども，キーパーソン的な役割の者を位置づけておくことが必要です。そのキーパーソンが疲れないで子どもに効果的に関わり続けるためにも，チームのメンバーが支援的に関わっていくことは想像以上に重要であり，かつ効果的なことなのです。

　学校での児童生徒へのかかわりをより効果的なものにするためにも，教師自身が健やかな人間関係を営めるように互いに工夫をしていくことが大切といえます。

（鈴木　公基）

演 習 問 題
　(1) 子どもに「思いやり」について指導を行おうとする時，子どものどのような教育心理学的特徴に注目することが重要でしょうか。
　(2) 思春期においては仲間関係や友人関係で悩みを抱える者が少なくありません。青年の人間関係の悩みにはどのようなものがあると考えられるでしょうか。また，その悩みにはどのように対処していく方法が考えられるでしょうか。

【引用文献】

Baumrind, D. (1971). Current patterns of parental authority. *Developmental Psychology Monographs*, **4**.

Bigelow, B. (1977). Childern's friendship expectations: A cognitive-developmental study. *Child Development*, **48**, 246-253.

Eisenberg, N. (1986). *Altruistic emotion, cognition, and behavior*. New Jersey: Lawrence Erlbaum Associates.

Eisenberg, N., & Mussen, P. (1989). *The roots of prosocial behavior in children*. Cambridge: Cambridge University Press.（菊池章夫・二宮克美（訳）（1991）思いやり行動の発達心理　金子書房）

Frith, U. (1989). *Autism: Explaining the enigma*, uk: Black well Ltd.（フリス，U. 富田真紀・清水康夫（訳）（1991）.自閉症の謎を解き明かす　東京書籍）

藤井恭子（2001）．青年期の友人関係における山アラシ・ジレンマの分析 教育心理学研究，**49**, 146-155.

広田信一（2000）．　向社会的行動の発達　堀野　緑・濱口佳和・宮下一博（編）　子どものパーソナ
リティと社会性の発達：測定尺度つき　北大路書房

櫃田紋子・浅野ひとみ・大野愛子　1986　乳幼児の社会性の発達に関する研究6－乳児の社会的行
動その2　日本教育心理学会第26回総会論文集，470-471.

数井みゆき（2005）．「母子関係」を越えた親子・家族関係研究　遠藤利彦（編）　発達心理学の新
しいかたち　誠信書房

Kegan, R.　1982　*The evolving self: Problem and process in human development.* Cambridge, MA:
Harvard University Press.

Midlarsky, E. & Hannah, M. E.　1985　Competence, reticence, and helping by children and adoles-
cents. *Developmental Psychology,* **21**, 534-541.

落合良行・佐藤有耕（1996）．　青年期における友達とのつきあい方の発達的変化　教育心理学研究，
44, 55-65.

岡田努（2014）．　友人関係　後藤宗理・二宮克美・高木秀明・大野久・白井利明・平石賢二・佐藤
有耕・若松養亮（編）．　新・青年心理学ハンドブック　福村出版　pp.315-325.

Parten, M. B. (1932). Social participation among preschool children. *Journal of Abnormal and So-
cial Psychology,* **27**, 243-269.

Rheingold, H. L.　1982　Little children's participation in the work of adults, a nascent prosocial be-
havior. *Child Development,* **47**, 1148-1158.

桜井茂男（編）（2006）．　はじめて学ぶ乳幼児の心理──こころの育ちと発達の支援──　有斐閣

櫻井茂男・大川一郎（編）（2010）．　しっかり学べる発達心理学（改訂版）　福村出版

鈴木公基（2011）．　小学生の社会性の発達　指導と評価，**57**, 50-53.

Selman, L. R.（1995）.視点の調整と見解の表明：道徳教育における発達と多様性の統合　第2回道
徳教育国際会議「21世紀の道徳教育を求めて」発表論文集　モラロジー研究所

高橋道子（1984）．　ほほえみにたくされた意味　椎名　健・小川捷之（編）　心理学パッケージ5
ブレーン出版

登張真稲（2003）．　青年期の共感性の発達：多次元的視点による検討　発達心理学研究，**14**, 136-
148.

渡辺弥生（2000）．　道徳性の発達　堀野　緑・濱口佳和・宮下一博（編）　子どものパーソナリティ
と社会性の発達：測定尺度つき　北大路書房

Zahn-Waxler, C., & Radke-Yarrow, M. (1982). *The development of altruism: Alternative research
strategies.* In N. Eisenberg (Ed.), The development of prosocial behavior. Academic Press.
pp.109-137.

Zahn-Waxler, c., Friedman, S. L., & Cummings, E. M. (1983). Children's emotions and behaviors in
response to infant cries. *Child Development,* **54**, 1522-1528.

学　習　1

子どもの行動はどうやって身につく？

普段，私たちが"学習"ということばを使う時は，"勉強"を指していう場合がほとんどです。つまり，学習とは机に向かって問題に取り組む，知識を覚えるといった行為に対して用いられます。しかしながら，心理学においては，学習は"経験の結果生じる，比較的永続的な行動の変容"と定義されています。ですから，犬に噛まれて以来，犬に近づかなくなるというのも学習といえるのです。さらに，(誤解をおそれずにいえば)"勉強"ならば，テストで成績が向上してこそ，学習したといえるのです。

この定義は，成果主義，結果至上主義のようで少し厳しい感じもしますが，心理学が科学として成立する上では重要な役割を果たしてきました。また，この学習の定義に則った研究知見を応用して，非行，不登校等に代表される青少年の問題行動の理解や改善が可能になったこともまた，事実です。

本章では，学習に関する心理学のスタンダードな実験を紹介し，それらの知見がどのようにして教育実践につながるのかを考えていきたいと思います。

 第1節　学 習 と は

導入部で紹介したように，学習とは"経験の結果生じる，比較的永続的な行動の変容"と定義されます。ここで重要なポイントは2つあり，1つは"経験"であり，2つ目は"比較的永続的"です。これら2つを満たさなければ，当人になんらかの変化が生じたとしても，それは学習とは見なされません。以下では，自動車の運転，飲酒，第二次性徴といった具体例をあげながら，学習の定義について考えていきましょう。

まずはじめに，自動車の運転技能の変化ですが，これは学習といえます。

当たり前のことですが，自動車を公道で運転するには，自動車教習所に通い，所定の技能教習，学科教習を受け，技能試験や学科試験に合格して，運転免許証の発行を受けなければなりません。

さて，（AT限定ではなくMTの免許証持ちの）多くのドライバーに思いあたることですが，技能教習にはいくつかの難題が立ちふさがっています。なかでも坂道発進は，大きな壁として立ちはだかり，苦戦を強いられます。通常時の半クラッチでさえ難しいのに，その上さらに上り坂でやれなんて，とても無理なことだと思ってしまいます。

　ところが，たいていは教習が進むと，半クラッチでエンストを起こす回数は減り，坂道発進もスムーズにできるようになります。これは練習，つまり経験の賜物といえるでしょう。これは"経験"という，1つ目のポイントに合致します。

　そして，運転免許証は一度取得してしまえば，3年または5年間は有効ですし，更新時も技能検定は課されません。これは一度身につけた技能はよほどのことがないかぎり，衰えることはないということを暗黙のうちに想定しているからかもしれません。実際，しばらくブランクがあっても，少し運転しているうちに"勘"が戻ります。これは"比較的永続的"という2つ目のポイントに合致します。

　このように，自動車の運転技能の変化は学習といえます。

　次に飲酒によるふるまいや性格の変化についてですが，当然ながらこれは学習とはいえません。

　大学生にはありがちですが，コンパで飲酒（痛飲）すると，普段は寡黙な人が，急に陽気になったり，多弁になったりして，周囲を驚かせることがあります。たしかに飲酒したときに限って，目にみえてふるまいが変貌するという点では，1つ目の"経験"というポイントに合致します。

　しかしながら，通常その変化は一過性であり，翌日になると本人にはコンパの記憶が残っていないということがほとんどです。こうしてみると，"比較的永続的"という2つ目のポイントには合いません。したがって，飲酒によるふるまいや性格の変化というのは，学習とはいえないのです。

　最後に，第二次性徴ですが，これは思春期に始まるもので，性的な身体構造の変化といえます。男子では精通，変声，体毛の発育，女子では初潮，皮下脂肪の増大，乳房の発育などがあげられます。

これらは，男子では中学校入学前後，女子では小学校高学年というように，多くの場合一定のタイミングで起こり，しかもいったん生じたらもとには戻りません。すると学習の2つ目のポイントである，"比較的永続的"という部分に合致します。

　ところが，第二次性徴を発現させるためのこれといったきっかけはありません。つまり，極度の栄養失調のような，よほどのことがないかぎり，誰にでも自然と第二次性徴は発現するのです。この意味で，学習の1つ目のポイントである"経験"には合致せず，結果として，第二次性徴による変化は学習とはいえないのです。

　以下では，学習の定義をふまえた上で，代表的な実験手続き，理論である古典的条件づけや道具的条件づけを紹介していきます。そして，それらの条件づけでは説明できない現象である，観察学習や模倣学習についても紹介し，最後にこれらの学習理論に基づく問題行動の理解や応用例を紹介します。

 ## 第2節　古典的条件づけ

1. 古典的条件づけとは

　私たちは熱いものに触れれば手を引っ込めますし，高いところに登れば足がすくみます。こうした"熱いもの－手を引っ込める"，"高所－足がすくむ"というように，ある状況において無自覚的，無意図的に引き起こされる行動を**無条件反射**といいます。これらの行動（手を引っ込める，足がすくむ）は，みずからの生命を維持する上で重要であり，誰に教えられるでもなく，私たち人間はもちろん，多くの動物種に備わった本能的行動といえます。

　他方，不登校の子どもが時々いうような，朝方学校に行くことを考えると，おなかが痛くなるというような"登校－腹痛"という関係は，無条件反射ではありません。大半の子どもは，小学校入学直後は元気に学校に通います。学年が進むにつれて（多くは中学生になってから），学校に行かなくなる子どもが増えてくるのです。つまり，学校に通いなんらかの嫌な"経験"を積み重ねるうちに，しだいに学校に行きたくなくなり，腹痛という症状が現れるようになった

のです。このように，もともと
は結びつきのなかった"登校−
腹痛"という二つの事象が組み
合わされることを**古典的条件
づけ**といいます。そして，古
典的条件づけによって形成され
た行動を**条件反射**，または**条件
反応**といいます。

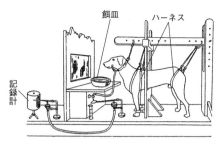

図4-1　古典的条件づけの状態（Yerkes & Morgulis, 1909）
（ハーネスに固定されることに十分慣らした空腹のイヌを用いる。手術によっていくつかある唾液腺の1つは口腔外に導出され，そこから分泌される唾液は管を通り，量や回数が記録計に記録される。）

　不登校の子どもの例にみられ
る古典的条件づけの詳しいしく
みを，ロシアの生理学者パヴロフ（Pavlov, I.）の実験を例にしてみていきましょう。パヴロフは，実験用の犬が給餌の際に給餌係の足音や食器音を聞くと，決まって唾液を分泌することに気づきました。そこで，これらの音に代わってブザーやメトロノームでも唾液分泌を引き起こせるかどうかを実験によって検証しました（図4-1）。

　まず最初にパヴロフは，ブザーやメトロノームを単独で提示（鳴ら）しても犬は音がする方向を見るだけで，唾液を分泌しないことを確認しました。そして，そのままブザーやメトロノームを鳴らし続けると，犬はそちらの方向を見なくなります（これを**馴化**と呼びます）。

　そうした手続きをふまえて，次にブザーやメトロノームを鳴らし，その直後に餌を与えるという行為を何度かくり返します。すると，今度はブザー音，メトロノーム音だけで，唾液を分泌するようになります。当然ながら，ブザー音やメトロノーム音は味がするわけでもないし，いい匂いがするわけでもないので，本来唾液分泌を引き起こすわけではありません。しかしながら，上述のように餌と対提示することで，これらの唾液分泌に対して無関係な音は給餌を予告する信号となったのです。

　このように本来無関係な反応（条件反応）を引き起こすようになったブザー音やメトロノーム音を**条件刺激**と呼びます。つまり古典的条件づけとは，条件刺激を無条件刺激と対提示することで，本来引き起こすはずのなかった刺激−

反応の連合（"刺激"を意味する英単語 "Stimulus" と，"反応"を意味する英単語 "Response" の頭文字をとって，**S-R連合**ともいいます）を作り上げることといえます。

また，ブザー音の音階やメトロノームのピッチ（リズム）が少しくらい違っていても，犬は唾液を分泌することがあります。こうした現象を**般化**と呼びます。しかしながら，異なった音階やピッチに対しては餌を対提示しなければ，やがてこれらの異なる音階のブザー音やピッチのメトロノームには反応しなくなります（これを**弁別**と呼びます）。さらには条件刺激だけを提示して，無条件刺激を提示しないという試行を何度もくり返すと，やがて条件刺激に対しては反応が生じなくなります（これを**消去**と呼びます）。

2. パヴロフの実験の影響

ところで，パヴロフの実験は多くの心理学者に多大な影響を与えました。なかでもアメリカのワトソンは条件づけによって人間行動を説明しようと試みて，**行動主義心理学**を立ち上げました。次節で紹介する，スキナー（Skinner, B.）も行動主義の立場から数多くの実験を行いました。

行動主義心理学は，人間の行動や特性は，生まれつき決まっているわけではなく，生後にどのような経験をしたかによっていかようにもなりうると主張しています。この主張は，ワトソンの"何人かの健康な赤ん坊と，その子たちを育てる特別な環境を与えられれば，医者，法律家，（中略），そして泥棒にさえも育ててみせる"ということばに端的に表れています。ワトソンは実際に人間の赤ん坊を対象に古典的条件づけの研究を行い，恐怖の植えつけに成功しました。しかしながら，その実験そのものの残酷さや悪影響の強さから，現代では同様の実験は禁忌事項とされています。

 ### 第3節　道具的条件づけ

1. 道具的条件づけとは

古典的条件づけは，ブザーを鳴らし，それに餌を対提示するという試行をくり返すことで，本来結びつきのなかった刺激と反応を結びつけるという点では，

まさに学習といえます。ところで，古典的条件づけで形成される条件反射（条件反応）は必ず刺激提示が反応に先行しており，いわば反応は受動的に引き起こされるものでした。それゆえ，古典的条件づけは**レスポンデント条件づけ**と呼ばれることもあります。

　しかしながら，私たち人間にかぎらず，多くの動物種は特定の先行刺激がなくても，みずからの行動を能動的に変容させていくことがあります。そういった行動の例としては，子どもが成長していく過程で身につける行儀や礼儀といったものがあげられます。生まれたばかりの赤ん坊は，あいさつやお礼，謝罪といった礼儀作法をまったく知りません。これらの礼儀作法は，成長の過程で，他者と関わり交流を深めていくなかで，保護者や先生といった人からほめられたり（報酬），叱られたり（罰）しながら身につけていくものです。**道具的条件づけ**とは，ある行動の生起後，報酬や罰を提示したり除去したりすることで，その行動の生起確率を変化させることを指します。なお，道具的条件づけの“道具”ということばは，その行動が，なんらかの報酬を得たり，罰を避けたりするための手段や道具になっているという意味で用いられています。

　行動生起後に報酬を提示するなら，その行動の生起確率は上昇するでしょうし，報酬を提示しなかったらその行動の生起確率は低下するでしょう。他方，罰を提示すれば，行動の生起確率は低下するでしょうし，罰を提示しなければ，生起確率は上昇するでしょう。一般に行動の生起確率を上昇させる手続きを**強化**といい，報酬を提示する場合には**正の強化**，罰を除去する場合は**負の強化**と呼びます。他方，罰を提示し行動の生起確率を低下させる手続きを**正の罰**といい，報酬を除去することで行動の生起確率を低下させることを**負の罰**と呼びます（表4-1）。

　なお人間を含め，すべての動物は快を求め，不快を避けようとします。後者について，あらかじめ不快な事態に出くわさないように対策をとることを**回避**といい，出くわしてしまった不快な事態を解消するよう対処することを**逃避**といいます。

　スキナーは行動主義の立場から，動物，

表 4-1　道具的条件づけの種類

	提　示	除　去
報酬	正の強化	負の罰
罰	正の罰	負の強化

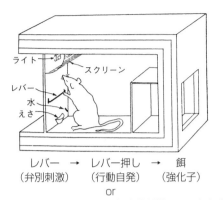

ライト
スクリーン
レバー
水
えさ

レバー　→　レバー押し　→　餌
（弁別刺激）　（行動自発）　（強化子）
or
条件刺激　→　条件反応　→　無条件刺激　→　無条件反応

図 4-2　オペラント条件づけの装置と図式 (高田，2011 より作成)

ひいては人間の行動の多くが道具的条件づけの原理によって説明できると考え，実験を行いました。スキナーはまず，スキナーボックス（図 4-2）と呼ばれる実験箱を用意し，そのなかに空腹のハト，ネズミなどの実験動物を入れました。箱のなかにはレバーがあり，そこをつつくと餌（報酬）が提示されるようになっていました。はじめのうちは，実験動物はでたらめに動き回っているのですが，ある時偶然レバーをつつき，餌が差し出されるという事態に出くわしました。すると，しだいに首を回したり，走り回ったりといった無駄な動きが減り，レバー押しの生起確率が上昇するようになりました。このように，偶然の成功を契機として，無駄な行動が減少し，課題解決に必要な行動だけが残されていく過程を，ソーンダイク（Thorndike, E.）は**試行錯誤学習**と呼びました。

　道具的条件づけについては，多くの応用実験が行われました。

2．行動の段階的な強化

　ところで，ネズミをスキナーボックスのなかに入れたところで，いきなりレバー押しをさせるのは難しいものです。そこで，最初にレバーの方を向いたら餌を与えると，その方向を向くという行動が身につきます。次に，レバーの方を向くだけでは餌を与えず，レバーの方へ走るようになったら餌を与えます。すると，今度はレバーに向かって走るという行動が身につきます。最後に，レバーに向かって走るという行動には餌を与えず，レバー押しに対して餌を与えると，レバー押し行動が効率的に身につきます。このように，身につけさせたい行動（この例の場合はレバー押し）について，いくつかの下位目標（レバーの方を

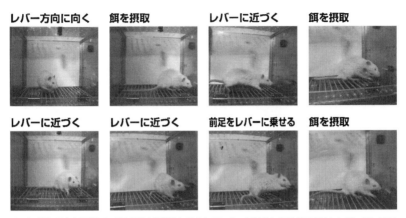

| レバー方向に向く | 餌を摂取 | レバーに近づく | 餌を摂取 |

| レバーに近づく | レバーに近づく | 前足をレバーに乗せる | 餌を摂取 |

レバー押し反応を可能にしうる行動を段階的に強化していき，最終的に実験者の定めたレバー押し反応を条件づける。好ましい行動はクリック音で2次的に強化され，すぐに食物で1次的に強化される。

図4-3　シェイピング（木村　裕研究室にて撮影）（山内・春木，2001）

向く，レバーに向かって走る）に分けて順次条件づけをしていく方法を**シェイピング**といいます（図4-3）。

3．日常における道具的条件づけ

　ところで，本節で紹介してきた実験はハトやネズミなど，人間以外の動物を対象に行われてきました。しかしながら，先述の通り，スキナーは条件づけによって人間行動も説明できると考えていました。たとえば，スポーツ選手は"ヒゲを剃らない"，"ビーフステーキとトンカツを食べる"といったこと（**迷信行動**）をよくします。スキナーによれば，これらは過去によい成績を収めたという報酬とたまたま結びついて，条件づけが成立したのだと説明されます。

　また，古典的条件づけや道具的条件づけの原理は心理療法にも応用され，**行動療法**と呼ばれ，ある種の問題行動に対して一定の治療効果があるといわれています。行動療法については本章第6節で紹介します。

1. 共　通　点

　これまでに紹介してきたように，古典的条件づけも道具的条件づけも学習の一種であり，どちらも経験を積み重ねるうちに，"しだいに" 特定の行動の生起確率が高くなるという点では似ています。この "しだいに" という点が重要で，何度も失敗しながら少しずつ刺激と反応の結びつきが強くなっていきます。これらの条件づけとは異なり，**洞察学習**は何度も試行と失敗をくり返しますが，突然正しい反応が生じ，それ以降は失敗をしなくなるというものです（図4-4）。

　また，ワトソンやスキナーは，当時黎明期にあった心理学を科学研究の一分野として確立しようとして，客観的に観察可能（数量化が容易）な刺激と反応を研究対象としていました。したがって，古典的条件づけや道具的条件づけの研究においては，認知（意識，考え方），感情，それから性格特性といった内潜過程は登場しません。これは "内観" により意識の構造を探ろうとするヴント（Wundt, W.）の心理学とは一線を画すものでした。

　しかしながら，たしかに条件づけは人が行動を獲得するしくみを理解する時に興味深い見方を与えてくれますが，行動の獲得は条件づけのみによって説明されるわけではなく，人の認知や性格といった内潜過程も重要な役割を果たし

図 4-4　類人猿の智慧試験（山内・春木，2001 より作成）

ている点にも注意しなくてはなりません（なお，認知のはたらきについては第5章で，性格については第10章で説明します）行動主義心理学者のなかには，そうした事実に目を向けて，内潜過程を積極的に扱おうとする者もいました（従来の行動主義と区別して**新行動主義**と呼びます）。

2. 相 違 点

　他方，古典的条件づけと道具的条件づけの間にはいくつかの相違点もあります。たとえば，古典的条件づけでは刺激が先に提示され，その後ある種の反応が生起するという点で，行動は受動的であり，レスポンデント条件づけとも呼ばれます。それに対して道具的条件づけでは，人間や動物は報酬を求め，罰を避けるため自発的・能動的に行動を起こします。このため道具的条件づけを**オペラント条件づけ**と呼ぶこともあります。

　さらに，古典的条件づけと道具的条件づけでは，条件づけられる行動の種類が異なります。古典的条件づけでは上記の例のような唾液分泌の他，恐怖反応など，通常意思とは無関係な，いわば不随意運動が条件づけられます。他方，道具的条件づけでは，レバー押しや迷信行動などのように，意図的な随意運動が条件づけられます。

　以上のように古典的条件づけと道具的条件づけは共通点と類似点をもちながらも，どちらも経験を積み重ねることで一定の行動上の変化を生み出すという点で，学習であるといえます。そして両者は，動物や人間の行動を理解する上で欠くことのできない，重要な原理であるといえます。

 第5節　観察学習と模倣学習

1. 観 察 学 習

　おとな，とくに親は，子どもに暴力的なテレビを見せたくないと思うものです。それは子どもがそのテレビの登場人物をまねて，友だちに暴力をふるうようになることをおそれるからでしょう。しかしながら，上記の条件づけの観点から考えれば，子どもが暴力的になるはずはありません。なぜならば，たしか

表 4-2　実験群と統制群の攻撃得点
(渡辺・伊藤・杉村，2008 より一部引用)

	実験群		統制群
	女性モデル	男性モデル	
身体的攻撃			
女児参加者	5.5	7.2	1.2
男児参加者	12.4	25.8	2.0
言語的攻撃			
女児参加者	13.7	2.0	0.7
男児参加者	4.3	12.7	1.7

にテレビのなかでは，登場人物（多くは主人公）は暴力をふるうことにより弱者を救い，人々から感謝され（報酬を受け）ているので，その後も暴力をふるうでしょうが，それを視聴している子ども自身はなんら報酬を得ていないからです。ところが現実には，報酬を受けていない，つまり正の強化がなされていないにもかかわらず，子どもの行動には変容が生じるのです。こうした現象は，古典的条件づけや道具的条件づけの原理では説明できません。そこで本節では，**観察学習**という概念を紹介することで，先述の例を説明していきたいと思います。

　バンデューラ（Bandura, A.）たちは，3〜5歳の幼児に他の子どもの行動を観察させました。ここでは，ほかの子どもを「モデル」といいます。モデルはさまざまな行動を示します。たとえば，人形を殴る蹴るといった身体的攻撃行動，人形を罵るといった言語的攻撃，その他非攻撃的な働きかけなどです。ここでは攻撃的な行動を観察した結果，それを見た子どもたちも同じように暴力的にふるまうようになるかどうかに焦点を当てて検討していきます。

　心理学ではある原因と結果の因果関係を調べたい時には，原因となる条件を与えるグループと，その条件を与えないグループを設定して，その結果，両者にどのような違いが生じるかを検討します。今回の実験では「モデルの攻撃的行動は，それを観察した子どもの攻撃行動を増加させる」という仮説を確かめようとしています。ですから，モデルの攻撃行動を観察する条件（この条件を実験群といいます）と，モデルの攻撃行動を観察しない条件（または，攻撃的行動を示さないモデルを観察する条件で，統制群といいます）のそれぞれにおいて攻撃行動がどのくらい生じたのかを集計します。その上で，実験群の攻撃行動が統制群に比べて多く生じていたのであれば，「モデルの攻撃行動はそれを観察した子どもの攻撃行動を増加させる」という仮説は正しいと判断します。

表4-2をみると，統制群に比べて，身体的攻撃，言語的攻撃のいずれにおいても実験群の得点が高くなっています。つまり，モデルの攻撃行動がそれを観察した子どもの攻撃行動を増加させたということであり，子どもは他者の行動を観察することで，それと同じ行動を示すようになったといえます。この結果についてバンデューラは，普段は攻撃行動を抑制する力が働いているけれども，他者の暴力的行為を見たことにより，幼児が自分も同じようにふるまってもいいのだと考えるようになったためだと述べています。

　またこの研究で興味深いのは，モデルとなる人物が男性の場合男児において身体的攻撃行動が増加し，モデルが女性の場合女児において言語的攻撃行動が増加したことです。つまり，モデルと自分の性別が一致した時に，子どもは観察した行動を頻繁に示すようになったといえます。モデルとなる人物にどれだけ感情移入や同一視（心理学では**コミットメント**ともいいます）できるかということが，観察学習が生じる上で，重要な用件になってくるものと思われます。子どもはアニメの登場人物のなかの主人公のまねごとはするけれども，悪役のまねごとはしないことを考えると，この実験の結果は納得できるものです。

2. 模倣学習

　さて，ここまで紹介してきた観察学習は，他者の経験を見聞するだけで行動の変容が生じました。このような，間接的な経験を**代理経験**と呼びます。それに対して，道具的条件づけのように，報酬や罰を受けたり，除去されたりするものを**直接経験**といいます。しかしながら，"門前の小僧，習わぬ経を読む"ということわざがあるように，報酬や罰を受けたり除去されたりしていないにもかかわらず，試行（経験）を重ねるだけで学習が成立することもあります。このようなタイプの学習を**模倣学習**といいます。これら観察や模倣といった現象をふまえ，バンデューラは学習における認知を重視して，**社会的認知理論**を提唱しました。

1. 行動療法と社会的スキル訓練

　行動療法とは，学習理論に基づいて，不登校や非行といった問題行動を条件づけの原理で理解し，治療しようとする心理療法です。行動療法には多くの技法があり，古典的条件づけ，道具的条件づけ，観察学習といった，実験的に確認された原理に従っています。本節では，それらが不適応の治療にどのように応用されているのかを紹介します。

　古典的条件づけは，しばしば**不安障害**の発症モデルとして用いられます。ここでは**広場恐怖**というものを例にあげてみます。広場恐怖とは，強烈な動悸，息切れ，めまいなどのパニック発作が起こることを恐れるあまり，外出できなくなるというものです。広場恐怖を古典的条件づけにあてはめてみると，無条件刺激がパニック発作，条件刺激が外出，無条件反応が恐怖感となります。ある時，電車に乗っていたら，突然激しい動悸，息切れが起こり，「自分は死んでしまうのではないか」，「怖い」と思い，その後電車に乗ることができなくなってしまったというのは典型的な広場恐怖の例です。ただし，広場恐怖の条件づけは通常の古典的条件づけとは異なり，多くの場合，ただ1回かぎりの経験で成立します。さらには，いったん条件づけが形成されると容易に消去できないという特徴も併せもちます。どうやら命に関わるような状況では条件づけがされやすく，さらには消去されにくいといった性質があるようです（これを**生物学的な準備性**といいます）。

　道具的条件づけの原理を応用したものには，**トークンエコノミー法**，**親訓練法**といった技法があります。これらは，発達障害児の問題行動の改善に用いられます。

　トークンエコノミー法では，望ましい行動がみられたら**トークン**（代理貨幣）を与え，望ましくない行動がみられたら，トークンを没収します。そしてある程度トークンが貯まってきたら，ごほうびと交換します。

　親訓練法では望ましい行動，望ましくない行動，許しがたい行動と，子どもの行動をあらかじめ分類しておき，それぞれに対して，報酬，無視，タイムア

ウトといった対処をします。子どもが望ましくない行動をした際，周囲の他者が下手に注意したり，怒ったりすると，子どもは「まわりの人が注目してくれて，楽しい」というように解釈し，かえって報酬となってしまう場合があります。したがって，望ましくない行動に対しては無視することで，習慣づくことを避けた方が，むしろ効果的といえます。

　タイムアウトとは，子どもを一定時間他者とかかわりをもてない場所に置くことで，子どもが他者に危害を加えそうになった場合，つまり許しがたい行動をとりそうになった場合に用います。このように，トークンエコノミー法，親訓練法でも道具的条件づけの原理を利用し，望ましい行動には報酬を与えて生起頻度を上昇させ，望ましくない行動には報酬を除去するか罰を与えることで生起頻度を減少させることを目的としています。

　次に観察学習や模倣学習の原理を取り入れたものに，**社会的スキル訓練**というものがあります。社会的スキル訓練では対人関係を良好にする向社会的スキル，他者との関係を悪化させる反社会的スキルなどがあり，前者の増大，後者の減少を目指します。訓練の初期段階で観察，模倣（モデリング）といった手続きがとられます。その後，現実に向社会的スキルが必要とされる状況に直面するなかで，スキルを実行し，その結果についてフィードバック（評価）や報酬を受けます。日本では小学校の低学年を対象に実施されることが多いようです。

　以上のように，条件づけや観察学習，模倣学習は問題行動の理解や，改善に応用されています。本章第4節で述べましたように，現代ではかたくなに行動主義の立場をとる心理学者はいません。しかしながら，その原理や理論は今でもなお有益な示唆に富んでいます。

（市原　学）

演 習 問 題

(1) 小学校で，友人とのトラブルをきっかけとして，学校に行くことを渋る（不登校）子どもがいます。クラス担任教師は保護者に対して，"落ち着くまで様子をみましょう。登校刺激を与えず，温かく見守ってあげてください"とアドバイスをしました。しかしながら，このままでは不登校は改善せず，かえって長期化するおそれもあると考えられます。それはなぜでしょうか。行動療法，とりわけ道具的条件づけの観点から理由を考えてください。

(2) 幼稚園で友だちの輪のなかに入れず，部屋の片隅で寂しそうに遊んでいる子どもがいます。話を聞いてみると，友だちと仲良く遊びたいということはわかったのですが，その子が言うには仲間に入れてもらうのは照れくさいし，そもそもどうやって仲間入りしていいのかわからないといいます。そこで，この子がスムーズに仲間入りできるよう，どうやって支援したらよいでしょうか。社会的スキル訓練の方法にしたがって指導案を考えてください。

【引用文献】

高田理孝（2011）．こころのメカニズム（改訂版）　産業図書

山内光哉・春木豊（編著）（2001）．グラフィック学習心理学——行動と認知——　サイエンス社

渡辺弥生・伊藤順子・杉村伸一郎（編）（2008）．原著で学ぶ社会性の発達　ナカニシヤ出版

学　習　2

知識をしっかり身につけるには？

　学校教育において，子どもたちは学習を通してさまざまな知識を身につけ
ます。それでは，知識はどのようにして獲得されるのでしょうか。また，知
識を「しっかり」身につけることは非常に重要ですが，そのためにはどうし
たらよいのでしょうか。

　本章では，学習の基礎となる，記憶のメカニズムについて述べた上で，問
題解決や推論といった思考のはたらきについて解説します。そして最後に，
子どもたちが知識をしっかり身につけられるようにするためにどうすればよ
いかを考えます。

 「記憶」とは何だろう？

1. 記憶のプロセス

　学校の期末テストを思い出してみましょう。みなさんはテストに出そうな部
分を「憶え」，テスト本番までその内容を「頭のなかに留めておき」，そして，
テスト中にそれを「思い出そうとした」のではないでしょうか。記憶とは，こ
の３つのプロセスの総称です。すなわち，情報を憶える（刺激を意味のある形に
して取り込む）**符号化**，憶えた情報を蓄えておく**貯蔵**，そして蓄えていた情報か
ら必要なものを探して思い出す**検索**の３つです。

2. 記憶の分類

　記憶された情報は，その情報が頭のなかに蓄えられる時間的な長さによって，
感覚記憶，短期記憶，長期記憶の３つに分類されます。それぞれの記憶の特徴
をみていきましょう。

（1）感 覚 記 憶

　外界からの刺激（情報）は，目（網膜の視細胞）や耳（内耳の有毛細胞）といった

感覚受容器を通して取り込まれ，そのままの形で一時的に貯蔵されます。これを感覚記憶といいます。感覚記憶のうち，視覚的情報の記憶はアイコニック・メモリー，聴覚的情報の記憶はエコイック・メモリーと呼ばれています。感覚記憶の貯蔵時間はごく短く，アイコニック・メモリーは1秒以内，エコイック・メモリーは5秒程度と考えられています。その一方で，貯蔵できる情報量は非常に多いと考えられています。たとえば，スパーリング（1960）は，アイコニック・メモリーについて検討するために，図5-1のような文字刺激を50ミリ秒呈示し，その直後にどのような文字があったのかを答えさせる実験を行いました。呈示された文字をすべて答えるように求めると（全体報告法），思い出すことができた文字数は12文字中，約4.5文字でした。しかし，文字刺激の呈示直後に，3行のなかのいずれか1行のみを答えるように求めた場合は（部分報告法），どの行であっても，4文字中，約3文字を思い出すことができ，正答率の高いことがわかりました。これは全体報告法では，何の文字があったかを回答している間に，他の文字の記憶が消失するためであると考えられています。さらに，文字を呈示してから回答するまでの時間が500ミリ秒を超えると全体報告法と部分報告法の正答率に差がなくなることがわかりました。このことからアイコニック・メモリーの持続時間はごく短いことが明らかになりました。

　感覚記憶のうち，注意を向けられた情報のみが短期記憶へと送られます。

(2) 短 期 記 憶

　短期記憶は，数十秒間蓄えられる記憶であり，この間に何もしなければ失われてしまいます。短期記憶に情報を蓄えておくためには，**リハーサル**をする必要があります。リハーサルとは，憶えるべきことを頭のなかで何度も反復したりくり返し声に出したりすることです。リハーサルは，短期記憶内に情報を貯蔵するだけではなく，長期記憶として情報を定着しやすくするはたらきもしています。

　また，短期記憶の容量は**7±2チャンク**であるとされています。チャンクとは意味をもった情報のまとまりのことです。たとえば，

Z	Q	B	R
M	C	A	W
T	K	N	F

図 5-1　実験で用いられた文字刺激
(Sperling, 1960，ラックマンら，1988より作成)

「B,I,R,D,D,O,G」を一つひとつ別のアルファベットとしてとらえれば，7チャンク（7文字）です。しかし，これを「BIRD, DOG」とすると，2チャンク（2つの動物）となります。なお，短期記憶の容量は4チャンク程度であるとの指摘もなされています。

(3) 長 期 記 憶

　長期記憶は，数時間から数十年蓄えられる記憶のことです。私たちの頭のなかにある知識は長期記憶になりますが，みなさんが非常にたくさんの知識をもっていることからわかるように，長期記憶の容量はきわめて大きいと考えられます。

　図5-2を見てください。長期記憶は，大きく**宣言的記憶**と**手続き的記憶**に分けられます。宣言的記憶とは，ことばによって説明することのできる記憶で，主に事実に関する記憶を指します。宣言的記憶は，さらに**意味記憶**と**エピソード記憶**に分けられます。意味記憶とは，個人の経験とは独立した一般的知識に関する記憶のことで，たとえば「日本の首都は東京である」などがこれにあたります。また，意味記憶には，単語・数字・概念などの記憶も含まれます。もう1つのエピソード記憶とは，過去に自分が経験した出来事についての記憶のことで，たとえば「私は，昨日東京で買い物をした」などがこれにあたります。

　他方，手続き的記憶とは，手順や技能に関する記憶を指します。たとえば，自転車の乗り方をあげることができます。手続き的記憶は，ことばで説明することが難しいという特徴があります。

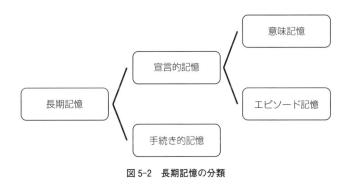

図5-2　長期記憶の分類

3. 作 動 記 憶

　私たちは，会話や計算を行う際，情報を一時的に蓄えつつ，その情報を加工したり統合したりしています。たとえば「26 − 16 ＋ 33」を暗算する際には，「26」「16」「33」という数字を記憶に留めつつ，長期記憶から引き出された四則演算法を使って計算しています。このように，情報を一時的に貯蔵しつつ，認知的な作業を行う記憶を**作動記憶**（working memory）といいます。作動記憶は，短期記憶の概念を発展させたモデルですが，短期記憶が情報を貯蔵する機能を重視しているのに対し，作動記憶は情報を処理する機能を重視しています。

　バッデリー（1990）は，図 5-3 のような作動記憶のモデルを提唱しました。このモデルは，言語的情報を処理するための音声ループと，視覚的・空間的情報を処理するための視・空間スケッチパッド，およびこれらを制御する中枢制御部から構成されています。音声ループは，電話帳で調べた電話番号をダイヤルし終わるまで口で唱える場合などに機能します。また，視・空間スケッチパッドは，野球選手が，バッターボックスで投手のフォームを思い浮かべてタイミングをとるといった場合に機能します。

第 2 節　「憶えること」について──効果的な憶え方とは？

　この節では，第 1 節で説明した記憶の 3 つのプロセスのうち，「憶えること」について考えていきます。

　「憶えること」は「思い出すこと」と密接なかかわりがあります。つまり，必要な情報をスムーズに思い出せるかどうかは，「どのように憶えるか」に大きく左右されます。それでは，情報を思い出しやすくさせる憶え方とはどのようなものなのでしょうか。ここでは，処理水準説の考え方を紹介します。

　処理水準説とは，情報の処理の水準（深さ）が，その情報の思い出しやすさに影響するという考え方です。処理水準説によれば，情報の処理方法には物理的処理，音韻的処理，意味的処理の 3 つがあり，この順

図 5-3　作動記憶のモデル（Baddeley, 1990 ; 森，2000）

に処理水準が深くなるとされています。たとえば，「森」という漢字を憶える時，漢字の形や画数といった物理的な特徴に着目するのは物理的処理にあたり，もっとも浅い憶え方であるといえます。また，漢字を書きながら「もり，もり……」と声に出すなど，読み方に着目して憶えるのは音韻的処理になります。そして，「『森』は『木』がたくさん集まっている様子を表している」など，森という漢字の意味や成り立ちに注目して憶えるのは意味的処理になり，もっとも深い憶え方になります。

　処理水準説では，浅い処理よりも深い処理が行われた場合に，よりよく記憶されると考えられています。漢字を憶えるために，ノートにくり返し練習した経験がある人も多いでしょう。処理水準説によれば，形や読み方にのみ着目して練習するのではなく，漢字の意味や成り立ちを考えるなど，深い処理を行いながら練習することが重要であるといえるでしょう。

　さて，私たちが情報を憶える際に行うリハーサルには，**維持リハーサル**と**精緻化リハーサル**があります。維持リハーサルとは，単にくり返し情報にふれることであり，浅い処理でのリハーサルといえます。維持リハーサルをすることで，情報を短期記憶に保持しておくことができます。一方，精緻化リハーサルとは，情報の意味を**体制化**するなど，深い処理を行うリハーサルです。体制化とは，関連する情報をまとめ，整理することです。たとえば，歴史の学習をする際に，カテゴリーごとに似たもの同士をまとめたり（例：「江戸時代の三大改革」……享保の改革，寛政の改革，天保の改革），相互の関連を図表にしたりするといったことは，体制化の例です。このような深い処理を行う精緻化リハーサルによって，情報が長期記憶に転送されやすくなります。すなわち，情報をしっかりと憶えるためには，精緻化リハーサルが効果的であるといえるでしょう。

 ## 第3節　記憶はどうやって蓄えられているのだろう？

　次に，記憶のプロセスにおける「貯蔵」について考えていきます。私たちの頭のなかの長期記憶は，どのようにして蓄えられているのでしょうか。以下に，意味記憶と手続き的記憶の貯蔵のされ方について考えていきましょう。

1. 意味記憶の貯蔵形式

　コリンズとロフタス（1975）は，意味記憶がどのように貯蔵されているかについて，活性化拡散モデルを提唱しました（図5-4）。このモデルでは，意味的な関連性が強い概念はより接近して表されています。また，ひとつの概念が活性化すると，それに結びついた意味的に関連のある概念に対しても活性化が広がっていくと考えられています。

　このモデルが本当に正しいのかどうかについて，「文の真偽判断課題」を用いた実験によって確かめられています。文の真偽判断課題とは，「カナリアは鳥である」などの文章を示し，この文章が正しいかどうかをできるだけ素早く回答するように求め，回答までの反応時間を調べるものです。「カナリアは鳥である」という文章と，「ダチョウは鳥である」という文章とでは，前者の方の回答までの反応時間が短くなります。活性化拡散モデルによれば，「ダチョ

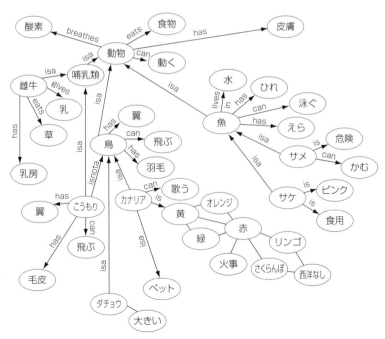

図5-4　活性化拡散モデル（Collins & Loftus, 1975；御領，2000）

ウ」よりも「カナリア」の方が「鳥」との意味的な関連性が強いために，回答までの反応時間が短くなると考えられています。

2. 手続き的記憶の貯蔵形式

もう1つの手続き的記憶はどのような形式で蓄えられているのでしょうか。手続き的記憶の研究はまだあまり進んでいませんが，**プロダクション**による表象（記憶の内容を表現したもの）として説明がなされています。プロダクションとは，「もし〜ならば」という条件と，「……しなさい」という行為からなる表象です。前半の条件が満たされれば，後半の行為が実行されると考えられます。たとえば，「車の運転の仕方」に関する手続き的記憶でいえば，「もし信号が赤ならば（条件），ブレーキを踏みなさい（行為）」となります。

 第4節　「思い出すこと」と「忘れること」──どうして忘れるのだろう？

最後に，記憶プロセスの「思い出すこと」について考えます。みなさんは，テストの際，憶えたはずの英単語を思い出せずに困った経験はないでしょうか。長期記憶に貯蔵した情報を正しく取り出すことができないことを**忘却**といいます。この節では，忘却の過程としくみをみていくことで，「思い出すこと」について考えます。

1. 忘却の過程

エビングハウス（1885）は，無意味つづり（たとえば，「WUX」「CAZ」など，意味のない文字の並び）と節約法（図5-5）を用い，忘却がどのように進むのかを検討しています。その結果が，図5-6に示す**忘却曲線**です。節約率（保持量）は，

$$節約率 = \frac{元学習に要した回数（時間）－再学習に要した回数（時間）}{元学習に要した回数（時間）} \times 100$$

図5-5　節約法による節約率の算出方法

（節約法では，一度学習させた内容を，一定時間経過した後に再び学習させて，どの程度早く再学習できるかをテストします。）

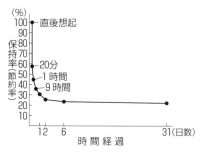

20分後には58％，1時間後には44％，1日後には26％と急激に減少しています。しかし，それ以降の忘却はそれほど急ではなく，31日後の節約率は21％でした。すなわち，忘却は，はじめは急速に，その後はゆるやかに進んでいくと考えられます。

図5-6 エビングハウスの忘却曲線（Ebbinghaus, 1885）

2. 忘却の原因

（1）記憶痕跡の減衰説

　時間とともに記憶の痕跡が衰退し，消失するために忘却が生じるとする説を**減衰説**といいます。たとえば，憶えたはずの英単語も，その単語を使用しなければ意味やつづりを忘れてしまいます。減衰説では，英単語を使用しなかったために，英単語に関する記憶の痕跡が消失したと考えるのです。

　しかし，これに反する研究結果も示されています。ジェンキンズとダレンバック（1924）は，睡眠が記憶に及ぼす影響について検討しました。実験参加者は，無意味つづりを学習した後，起きて活動する，あるいは，睡眠をとるのいずれかを求められました。その後，無意味つづりの記憶テストを行い，両者の得点を比較した結果，睡眠をとった方が得点の高いことがわかりました。どちらも学習してからテストするまでの時間は同じですから，時間とともに記憶痕跡が消失するとする減衰説によれば，両者の得点は同じにならなければなりません。つまり，この実験結果は減衰説では説明できないことになります。

（2）干　渉　説

　それでは，ほかにどのような忘却のしくみが考えられるでしょうか。記憶内容が相互に干渉する（邪魔する）ために忘却が生じるとする考え方を**干渉説**といいます。この説によると，先述したジェンキンズとダレンバックの研究において，学習後に起きていた場合の成績が悪いのは，起きている間に経験したことが無意味つづりの記憶に干渉することによって忘却が生じたためであると考

えられます。このように，新しい記憶によって古い記憶が妨害されることを**逆向抑制**といいます。一方，過去の記憶によって新しい記憶が妨害されることを**順向抑制**といいます。たとえば，電話番号が変わった時，慣れ親しんだ古い番号は憶えているのに，新しい番号が憶えられないことがあります。これは，古い電話番号の記憶が，新しい電話番号の記憶を妨害しているといえます。これらの干渉は，憶えるべき情報が類似しているほど生じやすいと考えられています。

(3) 検索失敗説

また，思い出したい情報の検索に失敗したために忘却が生じるとする説を**検索失敗説**といいます。検索失敗説によれば，忘却は記憶が失われたためではなく，思い出す時に必要な手がかりがないために生じるのであり，適切な手がかりがあれば思い出すことが可能であると考えられています。タルヴィングとパールストン（1966）は，手がかりの有無によって記憶のテスト成績がどのように異なるのかを調べました。手がかりがない状態（自由再生）と手がかりがある状態（手がかり再生，「鳥」や「野菜」などのカテゴリー名が手がかりとして与えられる）とで単語の記憶テストを行った結果，手がかり再生の方が成績がよいこと，そして，自由再生で思い出せなかった単語でも，手がかりを与えられると思い出すことができることが示されました。

手がかりとなる情報は，思い出すべき情報を検索する際に有効であるといえます。ある情報を憶える際には，関連する情報を合わせて記憶すると，それを手がかりにすることが可能となり，思い出しやすくなるといえるでしょう。

第5節　「考える」とはどういうことだろう？

私たちは，日常生活において「考える」ことをよくしています。数学の問題を解くために「考える」こともあれば，スポーツの試合で勝つための戦術を「考える」こともあるでしょう。それでは，「考える」とはどういうことなのでしょうか。ここでは，問題解決と推論という側面から説明します。

1. 問題解決

　問題解決（problem solving）とは，現在の状態と目標状態とが異なる時，目標状態に到達するための手段や方法を見出すことです。問題解決の研究においては，比較的単純なパズルのような問題がよく用いられています（図5-7，図5-8）。ここでは，与えられた課題は，初期状態，目標状態，操作子（初期状態を目標状態に変える操作）からなる**問題空間**として表され，そこを探索することが問題解決であると考えられています。

　問題空間での探索の方法は，**方略**と呼ばれます。方略には，大きく分けて**アルゴリズム**と**ヒューリスティックス**があります。アルゴリズムとは，正しく適用すれば必ず正しい結果が得られる一連の手続きです。たとえば，**しらみつぶしの探索**では，適用できるすべての操作をあらゆる場面において行い，うまくいったものを選んでいきます。この方法は確実に正解にたどり着くことができますが，短期記憶に大きな負担がかかりますし，問題が複雑になれば人間には処理しきれなくなってしまいます。

　3人のホビット（妖精）と3人のオーク（鬼）が旅の途中で川に行きあたりました。川にはボートが1艘ありましたが，ボートには1回に2人しか乗ることができません。オークは凶暴で，ホビットよりもオークの人数が多くなるとホビットを殺してしまいます。6人全員が無事に向こう岸に渡るためにはどうしたらよいでしょうか。

図5-7　問題解決課題「ホビットとオーク」

　中央に穴の開いた大・中・小の円盤と，3つの棒があります。円盤は必ずどれかの棒に置かれていなければなりません。(a)の状態から(b)の状態にするにはどうしたらよいでしょうか。ただし，以下の規則を守って円盤を移動させなければなりません。
① 　1回に1つの円盤しか移動できない。
② 　棒の一番上にある円盤しか移動できない。
③ 　すでにある円盤の上に，それより大きい円盤を置くことはできない。

図5-8　問題解決課題「ハノイの塔」（松井，2000）

一方，ヒューリスティックスは，必ずしも問題解決を保証するわけではありませんが，うまくいけば効果的に問題を解決することのできるような手続きや方法です。たとえば，**手段－目標分析**では，現在の状態と目標状態とを比較し，その差異をもっとも小さくする手段を選択していきます。たとえば，図3-8の「ハノイの塔」では，現在の状態（a）と目標状態（b）を比較し，その差異をもっとも小さくするために，まずは円盤（大）を棒3に移動することを目指して操作を行います。

　なお，問題解決には，**構え**が影響を及ぼします。構えとは，一定の方向で物事を認知したり活動したりすることです。ルーチンス（1942）は水がめ問題を用いて，構えが問題解決にどのような影響を及ぼすのかを検討しました（表5-1）。その結果，実験参加者は，問題6，7において，より簡単な方法で答えを出すことができるにもかかわらず，問題1から5で使用した方法を用いて回答しました。つまり，過去の経験によって構えが形成され，この構えがより簡単な解決法を用いることを妨害したといえます。

　また，**機能的固定**も問題解決に影響を及ぼします。機能的固定とは，構えの1つで，ある物がもつ本来の機能にこだわることで，それ以外の使い方に気づかないことをいいます。たとえば，図5-9では，ペンチの本来の機能（針金などを切ったり曲げたりする）に固着してしまうと，あらたな使い方（ふりこの重りに

表 5-1　「水がめ問題」と構え（Luchins, 1942）

問題	水がめの容積			くみ出す量	解決法
	A	B	C		
1	21	127	3	100	B-A-2C
2	14	163	25	99	B-A-2C
3	18	43	10	5	B-A-2C
4	9	42	6	21	B-A-2C
5	20	59	4	31	B-A-2C
6	23	49	3	20	B-A-2C または A-C
7	15	39	3	18	B-A-2C または A+C

　A・B・Cの3つの水がめを使って，求められている量の水を正確にくみ出すにはどのようにしたらよいでしょうか。

天井から２本のひもが下がっています。これを結びあわせたいのですが，２本のひもは離れているので一度に手に持つことはできません。床には，イス，瓶，ペンチ，数本の釘，数枚の紙が置いてあります。２本のひもを結びあわせるにはどうしたらよいでしょうか。

図5-9　「２本のひも」問題と機能的固定
（嶋崎，1998）

する）に気づきにくくなります。

　構えは，それに合わない認知や反応を生じにくくするため，問題解決を妨げるという側面があります。ただし，構えにあった認知や反応が必要となる問題では，問題解決が促進される場合もあります。

2. 推　　論

　私たちは，すでに有している情報や知識をそのまま用いるだけではなく，それを利用して新しい結論を導き出しています。たとえば，「A = B」「B = C」という情報から，「A = C」という新しい結論を考えることができます。このような思考のはたらきとその結論を，**推論**といいます。

　推論には，**演繹的推論**と**帰納的推論**があります。演繹的推論とは，一般的法則や原理から，個別的な結果を導き出す思考のことです。演繹的推論は，問題が抽象的に示されるよりも，具体性をもって示された方が正答しやすいことが明らかになっています。図5-10の「４枚カード」問題は抽象的であり，「封書と切手」問題は日常的・具体的です。２つの問題の構造は同じですが，後者の正答率が高くなっています。このことは，演繹的推論を行う際には，問題の内容や意味が大きく関わっていることを示しています。

　もう１つの帰納的推論とは，いくつかの個別的情報から，一般的法則を導き出す思考のことです。たとえば，「atbataatbat_____」は，ある規則に則ってアルファベットが並んでいます。下線部にはどのアルファベットがあてはまるでしょうか。ここでは，「atbataatbat」という個別的情報から，この文字系列を作っているルールを発見する必要があります（答えは，a が入ります）。

　また，２つの事象の間に類似性がある時，片方の事象のもつ性質がもう一方

【「4枚カード」問題】

4枚のカードには，表にアルファベットが，裏に数字が書いてあります。「もしカードの表が母音ならば，その裏には奇数が書いてある」という命題が正しいかどうかを確かめるためには，どのカードをめくって調べる必要がありますか。

【「封書と切手」問題】

「もし封がしてあったら50リラの切手を貼らなければならない」という規則があります。どの封書を裏返して調べる必要がありますか。

図5-10 「4枚カード」問題と「封書と切手」問題 (嶋崎, 1998)

の事象にも存在するであろうと推論することを**類推**といいます。たとえば，「100円の品物を2割引で買うといくらか？」という数学の問題を解く時，これに類似した問題（「10リットルの水の3割を使用した。残りの水は何リットルか？」）を解いたことがあるならば，その経験を応用し，先の問題で効果的であった方法を用いて問題を解こうとするでしょう。この時に重要なのは，2つの問題の類似性に気づくことです。経験や知識を活かして適切に類推するためには，現在の問題との類似点を対応づけていくことが重要です。

3. メタ認知

　私たちが「考える」際に重要な役割を果たすのが，**メタ認知**です。メタ認知とは，「自分の認知について認知すること」で，自分の認知活動（考える，記憶する，理解する，判断するなど）を把握したり，コントロールしたりすることです。たとえば，数学の問題を解く時に，「この考え方でよいのだろうか？」「別のやり方でやってみよう」などと考えることは，メタ認知にあたります。

　メタ認知には，モニタリング機能と制御機能があります。モニタリング機能とは，自分の認知活動を監視する機能です。たとえば，自分の活動をチェックして考え方の間違いに気づいたり，自分の理解度を確認したりすることなどがこれにあたります。一方，制御機能とは，自分の認知活動をコントロールする機能です。たとえば，問題の適切な解決法を予測して計画を立てたり，間違っ

たやり方を見直して別のやり方を用いたりすることなどがこれにあたります。

　メタ認知は，効果的に学習を進める上で大きな役割を果たしているため，学校教育においては，子どものメタ認知の利用を促す支援を行うことが重要です。たとえば，「学習の振り返りシート」を使って，「何を理解して，何を理解していないのか」を子ども自身にチェックさせるなどの工夫をするとよいでしょう。

 第6節　実践に向かって——知識をしっかり身につけるには？

　日常の生活や学習場面において「知識をしっかり身につけたい」と思う人も多いでしょう。それでは「知識をしっかり身につける」とはどういうことなのでしょうか。また，子どもたちが知識をしっかり身につけられるようにするために，どうすればよいでしょうか。

1. 知識は暗記すればよい？

　知識を覚えていること，すなわち，知識を記憶にとどめ忘却が生じないようにすることを，「知識が身につく」ととらえる人も多いでしょう。多くの情報を効率よく記憶する技術は**記憶術**（表5-2）と呼ばれています。

　しかし，いわゆる丸暗記では，十分にその知識を理解しているとはいえません。第2節でも述べたように，知識をしっかり身につけるためには，知識の意

表 5-2　記　憶　術

	記　憶　術	例
チャンキング	多量の記銘材料を少数の高次の単位（チャンク）に変換する。	「pkowhogdp」を「pko/who/gdp」と区切り，3つの略語（3チャンク）とする。
頭 文 字 法	いくつかの項目の頭文字のみをとって記憶する。	太陽系の惑星（水星，金星，地球，火星，木星…）を覚える際，「すいきんちかもく…」と記憶する。
物語連鎖法	無関連の情報をつなぎ合わせて物語を作る。	「山，若者，テレビ，時計，りんご」を覚える際，「山で若者がテレビと時計を見ながらりんごを食べた」と記憶する。
場　所　法	よく知っている場所のさまざまな部分に，記憶すべき情報を関連させる。	「山，若者，テレビ」を覚える際，自分の家の間取りと対応させ，「玄関に山の写真がある，台所に若者がいる，居間にテレビがある」と記憶する。

味を理解したり，知識同士の類似性や関連性を構造化して知識を蓄えることが重要です。

2．知識の定着を促す教え方とは？

　それでは，子どもにしっかりと知識を身につけさせるために，教師はどのような教え方の工夫ができるでしょうか。記憶の体制化の観点からは，覚えてほしい事柄に関連する情報を整理して呈示したり，情報間の関連を説明するなどの工夫が考えられます。たとえば，漢字の学習の際には，単に漢字の書き取りをくり返すのではなく，「『さんずい』を偏とする漢字を書き出し，それらの漢字の共通点を考えよう」などの工夫をすることで，深い漢字の知識の定着を促すことができるでしょう。

3．知識を活用する

　「知識が身につく」とは，単に「多くの知識を記憶している」ことではなく，「もっている知識を活用する」「知識をもとに考え判断する」ことでもあります。近年，経済協力開発機構の**学習到達度調査**（Programme for International Student Assessment：PISA）が注目されています。これは，義務教育修了段階（15歳）において，これまでに身につけてきた知識や技能を，実生活のさまざまな場面で直面する課題にどの程度活用できるかを測ることを目的としています。2018年の調査では，参加79ヵ国・地域のなかで，日本は読解力で15位，数学的リテラシーで6位，科学的リテラシーで5位でした。数学的リテラシーおよび科学的リテラシーは世界トップレベルを維持していますが，読解力は前回2015年の調査よりも平均得点・順位ともに低下しています。読解力の調査結果からは，字句の意味を理解するといった能力は高いものの，情報を探し出す，情報の質と信ぴょう性を評価する，内容について熟考するといった能力が低いことがわかります（文部科学省・国立教育政策研究所，2019）。

　これらの課題に対し，教育現場では，知識を活用する力に焦点をあてた授業が広がり始めています。たとえば，「ロールキャベツのレシピを読み，わかりやすいレシピの書き方を考える」（中学）や，「3つのコインパーキングの看板

を比較して料金の違いを読み解き，集客できる看板を考える」（小6）などがあります。

　今後，これらの取り組みはさらなる充実が求められていくでしょう。「情報を精査して自分の考えを形成する」「問題を見出して解決策を考える」「自分の考えを表現する」など，知識の活用を促すための学習が進められていくと考えられます。現在の教育においては，深い知識の習得と，その知識を活用する思考力・判断力・表現力等の育成の両方が求められているといえるでしょう。

（鈴木　みゆき）

演 習 問 題

　(1) 縄文時代と弥生時代について学習する際，知識を定着させるために教師はどのような工夫ができるでしょうか。記憶の体制化の観点から考えてみましょう。

　(2) メタ認知の利用を促すために，教師はどのような工夫ができるでしょうか。具体的に考えてみましょう。

【引用文献】

Baddeley, A. D.（1990）. *Human memory: Theory and practice*. Boston: Allyn and Bacon.

Collins, A. M., & Loftus, E. F.（1975）. A spreading-activation theory of semantic processing. *Psychological Review*, **82**, 407-428.

Ebbinghaus, H. von（1885）. *Über das Gedächtnis*. Leopzig: Duncker und Humboldt.（宇津木　保（訳）（1978）. 記憶について　誠信書房）

御領　謙（2000）. 知識の表象　御領　謙・菊地　正・江草浩幸（著）　認知心理学への招待─心の働きとしくみを探る─　サイエンス社，pp.141-172.

Jenkins, J.,& Dallenback, K. M.（1924）. Oblivescence during sleep and waking. *American Journal of Psychology*, **35**, 603-612.

Luchins, A. S.（1942）. Mechanization in problem solving: The effect of Einstellung. *Psychological Monographs*, **54**, 6.

松井孝雄（2000）. 問題解決　森　敏昭・井上　毅・松井孝雄（著）　グラフィック認知心理学　サイエンス社　pp.209-228.

森　敏昭（2000）. 記憶のしくみ　森　敏昭・井上　毅・松井孝雄（著）　グラフィック認知心理学

　　サイエンス社, pp.13-34.

森　敏昭 (2000). 情報の検索と忘却　森　敏昭・井上　毅・松井孝雄 (著)　グラフィック認知心
　　理学　サイエンス社　pp.35-56.

文部科学省・国立教育政策研究所 (2019). OECD 生徒の学習到達度調査 2018 年調査 (PISA2018)
　　のポイント　https://www.nier.go.jp/kokusai/pisa/pdf/2018/01_point.pdf

嶋崎恒雄 (1998). 問題解決　今田　寛・宮田　洋・賀集　寛 (編)　心理学の基礎　培風館
　　pp.186-196.

Sperling, G. (1960). The information available in brief visual presentation. *Psychological Monographs*, **74**.

Tulving, E. & Pearlstone, Z. (1966). Availability versus accessibility of information in memory for words. *Journal of Verbal Learning and Verbal Behavior*, **5**, 381-391.

動機づけ

意欲を高めるためにどうすればよい？

誰しも「意欲がわかない」という状態を経験したことがあるでしょう。その一方で，意欲満々で物事に取り組んだこともあるでしょう。

このように私たちが日頃経験する意欲の問題について，いくつかの疑問が浮かび上がります。「そもそも意欲とは何なのだろう？」「意欲の源になるものは何なのだろう？」「人はどうして無気力になってしまうのだろう？」という疑問です。これらの疑問の答えを考えることは，子どもの意欲を高めたり無気力を防いだりするために，とても重要になります。

本章では，意欲のなかでもとくに「学習意欲」に焦点を当てて，上にあげた疑問の答えを探っていきます。

 ### 第1節　意欲とは何だろう？

1. 動機づけの定義

日常語である「意欲」や「やる気」は，**動機づけ**（motivation）という専門用語で研究されています。動機づけとは，「目標に向かって行動を開始し，その行動を持続させるプロセス」と定義されます。「動機づけ」ということばのなかの「動機」（motive）とは，「人を行動へと駆り立てる内的な力」を表します。この動機が働いて目標に向かった行動が開始され，その行動が続いている状態が動機づけであると言い換えることができます。

動機づけの定義を，具体例を用いて説明しましょう。「中学生のA君は，X高校に進学したいと思った（動機）。そこで，X高校の入学試験に合格すること（目標）を目指して，試験勉強を始めた（目標に向かった行動の開始）。試験に合格できるように今も熱心に勉強を続けている（行動の持続）」。このA君の状態は，「勉強への動機づけ（学習意欲）がある」と見なすことができます。なお，この例は定義をわかりやすく説明したものですが，動機づけのプロセスは実際には

もっと複雑です。たとえば，欲求（2へ），認知（第3節へ），感情，環境などの要因が動機や動機づけのプロセスに影響を及ぼします（鹿毛，2013）。

　動機づけの定義で重要な点は，目標に向かって引き起こされた行動が「持続される」という点です。たとえば，勉強を始めてもすぐにやめてしまうのでは，「学習意欲がある」とはいえません。一般に，行動の持続性は，明確な目標があり，その目標が魅力的（または，重要）であればあるほど，高まります。

　なお，上記は，勉強・スポーツ・仕事などの「社会的な行動」に関わる動機づけの定義になりますが，空腹や喉の渇きを満たすことなどの「生理的な行動」に関わる動機づけを定義する時には，動機は「動因」（drive）に，目標は「誘因」（インセンティブ，incentive）に，それぞれ言い換えられます。動因とは，空腹や喉の渇きといった生理的に不均衡な状態を指します。また，誘因とは，食べ物や飲み物など，動因を解消する環境内の刺激を指します。

2.「欲求」について

　欲求とは，私たちの行動の根源にある内的なエネルギーのことです。動機の定義と似ていますが，欲求は，動機のように明確な行動の理由や目標を含むものではなく，漠然と何かを求め欲することを表しています。たとえば，「人に認められたい」という承認欲求は漠然としたものであり，具体的に何をどのように認められたいかが定かではありません。その人を取り巻く環境（例：親の子どもに対する期待）やその人の特性（例：勉強が重要であると思っていること）によって，明確な動機（親や友だちから「勉強ができる」と思われたい）と具体的な目標（テストで良い点をとること）が定まり，その目標の達成に向かって行動（試験勉強をすること）が開始されます。このように，欲求は，動機の背後にある内的なエネルギーになります。

　欲求は，人が生まれつきもっている「基本的欲求」と，生まれてから後天的に獲得される「社会的欲求」の2つに分類できます（櫻井，2009）。基本的欲求には，個体の生命維持に不可欠な「生理的欲求」，種の維持に不可欠な「種保存欲求」，刺激を求めたり物事をよく知ろうとしたりする「内発的欲求」があります。他方，社会的欲求には，人から認められたいという「承認欲求」，価値のあ

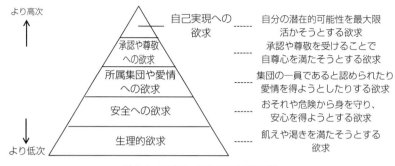

図6-1 マズローによる欲求の階層説

ることを成し遂げたいという「達成欲求」，他の人と仲良くしたいという「親和欲求」，自分らしく生きたいという「自己実現の欲求」などがあります。

　マズロー（Maslow, A. H.）は欲求の発達を示した欲求の階層説を提唱しました（図6-1）。欲求の階層説では，人にとっての究極の欲求は自己実現の欲求であり，そこに至るまでには低次の欲求を順番に1つずつ満たしていかなければならないと考えます。また，櫻井（2020）は，好奇欲求（知的好奇心），有能さへの欲求（「自分はできると感じたい」という欲求），向社会的欲求（「人や社会のために役立ちたい」という欲求），自己実現の欲求という4つの欲求について，発達モデルを提唱しています（図6-2）。このモデルでは，発達段階によってそれぞれの欲求の相対的な強さが異なると仮定します。そして，知的好奇心，有能さへの欲求，向社会的欲求が，時間とともに自己実現の欲求へと統合されていくと仮定します。具体的には，興味関心のあることをつきつめ（知的好奇心），自分の得意なことを追求し（有能さへの欲求），それを人や社会のために役立たせたいという気持ちが高まることで（向社会的欲求），自己実現の欲求が形成されていくと仮定します。これらのことから，知的好奇心，有能さへの欲求，向社会的欲求を，発達段階も考慮に入れながら，しっかり育てることが大切であると考えられます。また，このモデルでは，4つの欲求が各発達段階でしっかり育つことでみずから学ぶ意欲が高まっていくと仮定します。したがって，みずから学ぶ意欲を育てるために，いつ，どうすればよいかという指針が得られます。

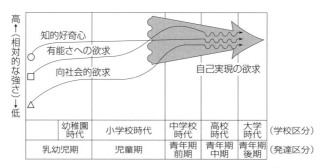

図6-2　みずから学ぶ意欲に影響する 4 つの欲求の発達モデル （櫻井 , 2020)

 意欲の「質」について

　意欲（動機づけ）には，**内発的動機づけ**と**外発的動機づけ**という質の異なる意欲があります。両者は，次の2つの観点で区別されます（櫻井，2009）。

　第1に，行動の目的の点で区別されます。具体的には，ある行動をしている時に，その行動それ自体が目的になっているのが内発的動機づけであり，その行動以外の何かが目的になっているのが外発的動機づけです。「勉強する」という行動を例に説明すると，「勉強するのは勉強が面白いから」といったように，勉強それ自体が目的になっている（勉強そのものに興味を向けている）のが内発的動機づけであり，「親に叱られたくないから」「友達に認められたいから」「希望の職業につきたいから」といったように，勉強以外のことが目的になっている（勉強以外の何かに関心が向かっている）のが外発的動機づけです。

　第2に，行動の自律性の点で区別されます。自律性（autonomy）とは，自分の意志と選択で，本当にしたいと思って，行動できている時の感覚を指します。外発的動機づけよりも内発的動機づけの方が自律性の高い動機づけです。

　外発的動機づけは内発的動機づけと比べると自律性の低い動機づけですが，外発的動機づけを詳しく見てみると自律性のより低いものとより高いものがあります。たとえば，「希望の職業に就くために大学に行く必要があるから，みずから進んで勉強に取り組む」という外発的動機づけは，「親や教師に叱られたくないから，いやいや勉強する」という外発的動機づけよりも，自律性の高

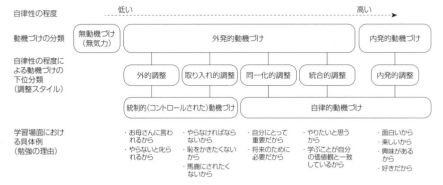

注）調整（regulation）とは自己調整のことであり，ここでは，社会の価値や規範が自分のなかにどのように取り込まれているか（内面化のされ方）を表している。

図 6-3　自律性の程度に応じた動機づけの分類 (Ryan & Deci, 2017 と櫻井, 2017 に基づいて作図)

い動機づけです。この点に着目したライアン（Ryan, R. M.）とデシ（Deci, E. D.）は，外発的動機づけを自律性の程度によって4つに分けました（図6-3）。それらは，外的調整（叱責や罰など外的なプレッシャーがあるためいやいや行動している状態），取り入れ的調整（義務感や不安など内的なプレッシャーがあって無理に行動している状態），同一化的調整（必要だと思って進んで行動している状態），統合的調整（自分の価値観と一致するため自然に行動している状態）の4つです。この順に自律性が高くなっていきます。

　これら4つの外発的動機づけは，大きく，自律性のより低い「統制的動機づけ」（あるいは，コントロールされた動機づけ；controlled motivation）と，自律性のより高い「自律的動機づけ」（autonomous motivation）に分かれます（図6-3）。統制的（コントロールされた）動機づけは，外的な圧力や内的なプレッシャーによって行動させられている状態を表し，自律的動機づけは，自分がしたいと思って自発的に行動している状態を表します。学業との関係を検討した研究からは，統制的動機づけよりも自律的動機づけの方が，望ましい学習活動や学業結果をもたらしやすいことが示されています（黒田・櫻井, 2012）。

　ライアンとデシによれば，統制的動機づけは価値の**内面化**によって自律的動機づけへと変化するといいます。具体的に説明すると，自分の外にある価値観

（ルールや規範などといった社会からの要求）を自分のなかに取り込み，かつ，自分の価値観と十分に統合・調和させることができた時，統制的動機づけから自律的動機づけへと変化するといいます。たとえば，親や教師に叱られながらいやいや勉強している子どもは，「勉強する必要がある」という社会的な価値や要求を自分のなかに取り込み，自分自身の価値観と調和させることができていま

表 6-1　授業における教師の自律支援的な行動と統制的な行動 (Reeve et al., 2008; Reeve & Jang, 2006)

	自律支援的な行動
子どもの発言に耳を傾けること	授業中に児童生徒の発言をしっかり聞く
子どもの意思を尋ねること	児童生徒がしたいことを尋ねる（例：○○の活動をどうやって始めたい？）
個別活動の時間を作ること	児童生徒が自由に作業したり自分のやり方で取り組んだりできる時間を設ける
子どもの発言を促すこと	授業内容についての児童生徒の発言を奨励する
座席を学習しやすい位置にすること	教材が最もよく見える位置に座るように児童生徒を招く
理由を説明すること	どうしてそうする必要があるのか，なぜそう考えると良いか，など，理由を説明する
情報的なフィードバックとして褒めること	児童生徒の進歩や達成に対して肯定的な（児童生徒の効力感を高める）言葉をかける
子どもを励ますこと	児童生徒の意欲を後押ししたり，支えたりする言葉かけをする（例：「あともう少し」「きっとできる」）
子どもにヒントを与えること	児童生徒が行き詰まっている時に，進め方についてのヒントを与える
応答的であること	児童生徒が発した質問，意見，提案にしっかり反応する（例：その通り，それは大事なポイントだね）
子どもの視点を認めること	子ども視点の見方や経験を認める共感的な発言をする（例：そう，これは難しい課題だね）
	統制的な行動
命令すること	「こうやってやりなさい」「ページをめくりなさい」などと命令する
「～すべき」「～せねばならない」と言うこと	「～すべきだ」「～しなければならない」「～でなければならない」などと言う
やり方や答えを教えてしまうこと	児童生徒が自分でやり方や答えを発見できる時間を設けず，教師が全部教えてしまう
学習教材を独占すること	教師が学習教材を独占して，児童生徒が自分で操作したり観察したりすることができない
質問という形で指図すること	質問という形で子どもに指図したりコントロールしたりする（例：なぜ次の作業をやらないのか？）

せん。この子どもが，勉強に必要性や重要性を見出し，「勉強は自分にとって意味のあることだ」と真に思えるようになった時，彼・彼女は自分自身の価値観にしたがってみずから勉強できるようになる，つまり，他律的動機づけから自律的動機づけへと変化する，というのです（第5節のコラムも参照のこと）。

　では，価値の内面化を促すために教師や親はどうすればよいでしょうか？ ライアンとデシによれば，子どもの**関係性への欲求**（他者との絆や社会とのつながりを感じたい），**有能さへの欲求**（もっている力を発揮したい），**自律性への欲求**（自分の意志と選択で行動したい）が満たされた時，価値の内面化が促されるといいます。これら3つの欲求は，人がよりよく発達するために欠かすことのできない生得的な欲求であり，**基本的心理欲求**と呼ばれています。加えて，学ぶことは自分にとって意味のあることなのだと子どもが実感できた時，価値の内面化が進むとされます（Reeve et. al., 2008 ; Vansteenkiste et al., 2018）。これらのことから，教師や親は，子どもの基本的心理欲求を満たし，子どもが学ぶことの意味や重要性を実感できるように関わる必要があります。具体的な教師のかかわり方を表6-1に示しました（表6-5も参照のこと）。自律支援的な指導行動は子どもたちの基本的心理欲求と学ぶことの大切さの認識を育むかかわりを表し，統制的な指導行動はこれらを妨害するかかわりを表しています。

 ## 第3節　学習意欲に影響する要因

　学校には学習意欲のある子もいれば，ない子もいます。それでは，どうしてこのような違いが生まれるのでしょうか？　学習意欲に影響する要因（学習意欲の源になるもの）をみていくことで，この疑問について考えていきます。

1.　学習活動に対する価値づけ

　勉強することが「自分にとって大切で，意味のあることだ」と思っていなければ，学習意欲は生まれません。つまり，「学習活動（学習課題に取り組むこと）に**価値**を見出しているかどうか」が，学習意欲に影響するとわかります。

　エックルズ（Eccles, J. S.）らによれば，表6-2に示された達成価値，内発的価

表6-2　課題に対する価値とコスト（Wigfield, Rosenzweig, & Eccles, 2017 に基づいて作成）

	定義	具体例
達成価値	課題がよくできることに個人的な重要性を見出すこと	数学で良い点を取ることや数学がよくできることは自分のアイデンティティに関わる重要事項である
内発的価値	課題をすることが楽しい，面白いと感じること	数学の問題を解くことは楽しい，数学の勉強は面白いと感じる
利用価値	課題をすることが将来の目標の達成に役立つと思うこと	数学の勉強をすることは希望する大学に進学するために必要である
コスト	課題をすることにコスト（負担や労力，損失や犠牲など）を感じること	数学の問題を解くのは骨が折れる。宿題をやると他の楽しいことができなくなってしまう

値，利用価値，コストの4つが学習課題に対する価値づけに関わっているといいます。具体的には，達成価値，内発的価値，利用価値は学習課題に対する価値づけを高め，コストは学習課題に対する価値づけを低めます。学習課題に対する価値づけが高いほど（取り組むに値する，する意味がある，と思っていればいるほど），やる気は高まります。

2. 期　　待

　課題に価値を見出せたとしても，「自分にはその課題ができそうにない」と予想してしまうと，やる気はしぼんでしまいます。未来のことを予想する心のはたらきを**期待**といいますが，この期待も学習意欲に影響を及ぼします。

　アトキンソン（Atkinson, J. W.）やエックルズは，学習意欲に影響する期待として，課題の成功可能性（例：「数学の問題がうまく解けそうだ」という見込み）の程度をあげました。彼らは，学習意欲の要因として期待も価値もどちらも重要であると考え，「課題の成功に対する期待」と「課題に対する価値」が相乗的に（乗算的に）作用して意欲を高めたり低めたりすると考えました。この考え方は**期待×価値理論**（あるいは，期待─価値理論）と呼ばれます。

　他方，バンデューラは，期待には2つの異なる要素があると考えました。1つが**結果期待**で，もう1つが**効力期待**です。前者は「このように行動すれば，こういう望ましい結果が得られるだろう」という期待を指し，後者は「その望ましい結果をもたらす行動を自分は実行できる」という期待を指します。たと

えば、「毎日予習・復習をしていれば数学の成績は上がるだろう」という期待は結果期待であり、「自分はその毎日の予習・復習を行うことができる」という期待は効力期待です。意欲が高まるためにどちらの期待も重要ですが、効力期待がとりわけ大きな役割を果たすとされます。たとえば、「毎日予習・復習していれば数学の成績が上がるだろう」と思っていても（結果期待は高くても）、「その毎日の予習・復習が自分にはできない」と思ってしまう（効力期待が低い）場合があります。このように効力期待が低い場合には、やる気はしぼんでしまいます。なお、効力期待は、「自分は成功するために必要な行動を実行することができる」という自己の効力感を表すものであり、**自己効力感**とも呼ばれます。

3. 原 因 帰 属

　成功や失敗の原因を何かに求める（帰属させる）ことを、**原因帰属**といいます。アメリカの心理学者であるワイナー（Weiner, B.）は、この原因帰属のはたらきによって意欲が左右されると考えました。

　ワイナーは、どのような原因帰属が意欲に影響するかを考えるために、成功や失敗の原因を、①「内的な（自分の内側にある）ものか外的な（自分の外側の）ものか」という観点と、②「安定的な（持続的で変わりにくい）ものか変動的な（一時的で変わりやすい）ものか」という観点で分類しました（表6-3）。そして、①原因を内的要因に求めるか外的要因に求めるかによって「生じる感情」が決まる、②原因を安定的要因に求めるか変動的要因に求めるかによって「将来に対する期待」が決まると考え、この感情や期待の違いによって最終的に意欲の高低が決まると仮定しました（図6-4）。具体例をあげて説明すると、テストで良い点をとった時、内的な要因に原因帰属すると（自分のせいにすると）ポジティブな感情が生まれ、安定的な要因に原因帰属すると（これからも良い点をもたらしてくれそうな、安定した原因を考えると）ポジティブな期待が生まれます。たとえば、「自分の能力」に原因帰属した場合、誇りや有能感といった感

表6-3　失敗・成功した時の原因の分類
(Weiner, 1972を改変して作表)

	安定的	変動的
内的	能力や才能	努力や勉強のやり方
外的	課題の困難度	運

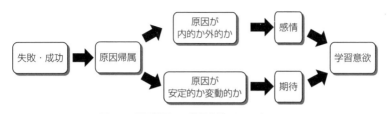

図6-4　原因帰属から学習意欲へ至るプロセス

情が生まれ，「次も良い点がとれそうだ」という期待が生まれます。このようなポジティブな感情と期待は学習意欲を高めます。同じ良い点であったとしても，運に原因帰属した場合，（運は自分の外側にあるもので，かつ，将来も同じように良い点をもたらしてくれるかわからない一時的なものであるため）ポジティブな感情や期待は高まらず，意欲も高まりにくいと考えられます。また，テストで悪い点をとった時，内的要因に原因帰属するとネガティブな感情が生まれ，安定的要因に原因帰属するとネガティブな期待が生まれます。たとえば，「自分に能力がないからだ」と原因帰属した場合，恥や無能感を感じ，次も悪い点に違いないと予想します。こうしたネガティブな感情と期待は学習意欲を低下させます。同じ悪い点であったとしても，運に原因帰属した場合は感情や期待へのダメージが少なく，結果として意欲は低下しにくいとされます。

どうして無気力になるのだろう？

1. 無気力は学習される──学習性無力感

　セリグマン（Seligman, M. E. P.）は，犬を使った実験のなかで，「無気力は学習される」ということを発見しました。

　セリグマンは，犬を3つのグループに分け，各グループに異なる処置を与えました（図6-5上）。第1グループの犬には，電気ショックを与え，かつ，自分で電気ショックを止められないようにしました。第2グループの犬には，第1グループの犬と同じ量と強さの電気ショックを与えたのですが，第1グループの犬と違い，鼻の近くにあるボタンを押すことでショックを止められるように

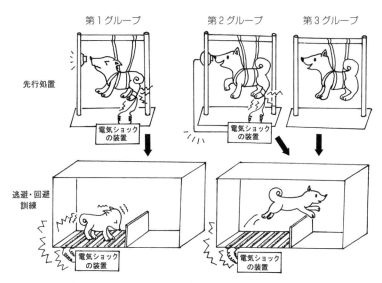

第1グループ　　　　第2グループ　　　　第3グループ

先行処置

電気ショック
の装置

電気ショック
の装置

逃避・回避
訓練

電気ショック
の装置

電気ショック
の装置

図 6-5　学習性無力感の実験 (坂本，1997 を基にして作図)

　しました。第3グループの犬には，何もしませんでした。

　このような処置をした後，3つのグループの犬を図6-5下のようなボックスに連れて行きました。そして，左右どちらかの床に電気ショックを流した時に，犬が真ん中の仕切りを飛び越えて隣の床に逃げること（逃避行動）を学習するかどうか調べました。すると，第2グループと第3グループの犬は逃避行動を学習したのですが，第1グループの犬は，座ったまま電気ショックを受け続け，「無力状態」に陥ってしまうことが示されました。

　この結果から，セリグマンらは，第1グループの犬は，「どんなに頑張っても電気ショックを止められない」という経験を重ねたため，「何をやっても無駄だ」という無力状態を学習してしまったのだと考えました。このように，自分の行動に望ましい結果がついてこない経験をくり返すことで獲得される（つまり，学習される）無力感を，**学習性無力感**といいます。セリグマンらの実験結果は，「自分の行動に結果が伴わない」という**非随伴性**の認知や「自分の行動で結果を変えられない」という**統制不可能性**の認知の形成が，無力感発生の鍵となることを示しています。

学習性無力感の実験は，子どもがどうして無気力になるかを考える時に，重要な見方を与えてくれます。たとえば，「一生懸命勉強しているけれど，テストで良い点がとれない」「授業を理解しようと頑張っているけれど，わからない」という経験は，「行動に結果が伴わない（努力が報われない）」経験です。このような経験を積み重ねた子どもは，非随伴性と統制不可能性の認知を高め，「何をやってもダメだ」と学習性無力感に陥ってしまうと考えられます。

2. 能力の証明か成長か──目標と信念の違い

　子どもの学習性無力感の研究を行っていたドゥエック（Dweck, C. S.）は，失敗が続いた時にあきらめて努力を放棄してしまう子どもと，ねばり強く頑張る子どもがいることに気づきました。両者の能力に違いはなく，失敗の頻度や質も同じであったのにもかかわらず，こうした違いが見られたのです。ドゥエックはなぜこのような違いが見られたのかと考え，彼らが追求している目標に着目しました。そして，あきらめてしまう子どもは**パフォーマンス目標**を，頑張れる子どもは**ラーニング目標**を，それぞれ追求していることを示しました。

　パフォーマンス目標（performance goal）とは，自分の能力が高いことや低くないこと（頭が良いこと，悪くないこと）を自分にも他者にも示そうとする目標です。これは自分の能力を証明しようとする目標であるため，失敗すると「自分に能力がない証拠だ」と考えてしまい，無気力に陥りやすくなります。無気力に陥る傾向はとりわけ自分の能力に自信のない子どもに見られます。他方，ラーニング目標（learning goal）とは，自分の能力を伸ばしたり新しい能力を身につけたりしようとする目標です。これは進歩や成長を目指した目標であるため，失敗しても「成長や学習の良い機会だ」と前向きに考え，ねばり強く頑張ろうとします。

　ドゥエックは，この2つの目標が**暗黙の知能観**によって導かれることも示しました。暗黙の知能観とは，知的能力の性質に関する信念のことです。この信念には，「知的能力は生まれた時から決まっていて，変えることができないものである」という**実体知能観**と，「知的能力は生まれた時から決まっているわけではなく，変えることができるものである」という**増大知能観**があります。

前者はパフォーマンス目標を導き，後者はラーニング目標を導きます。

 ## 第5節　実践に向かって──子どもの学習意欲をどのように育てる？

　子どもたちの能力や興味関心はそれぞれ異なるため，学習意欲を高める方法も本来異なるはずです。また，授業のなかで学習意欲を高める時には，子どもの能力や興味関心のみならず，刻一刻と変わる状況や文脈を考慮する必要があります。これらのことを考慮してもなお，学習意欲を育てる一般的な方法と基本的な視点について知っておくことは大切です。子どもや状況に応じた指導を行いたいと思っても，何も知らなければ最良の方法を見つけ出すことは難しいでしょう。その時，意欲を育てる一般的な方法と基本的な視点が一つの参考になるはずです。こういったことも頭の片隅におきながら，本節では学習意欲を育てる実践について考えていきます。

1．最初のステップ──クラスの児童生徒とよい関係性を築くこと

　クラスの子どもたちが教師の言動をどう受け止めるかは，教師とどのような関係を築いているかによって変わります。たとえば，同じことばであったとしても，信頼している教師から言われたのと，信頼していない教師から言われたのでは，受け止め方が大きく異なります。子どもとよい関係を築くことは，よりよい教育を行うために欠かせない条件です。

　学習意欲を育てる実践においてもそれは同じです。学習意欲を高めようとした授業上の工夫や日常的なことばがけがどのくらい子どもに響くかは，子どもたちとどの程度よい関係を築いているかによって異なります。学習意欲を育てる実践の出発点は，子どもとの関係性を築くことにあるといえます。

　では，子どもとよい関係を築くためにどうすればよいでしょうか？難しい問題ですが，表6-1に示された自律支援的な行動が1つの参考になります。自律支援的行動は，子どもの基本的心理欲求を満たす行動であるため，子どもとの関係づくりを助けてくれると期待されます。なお，自律支援的行動の背景には，子どもたちの意志や主体性を尊重し，それらが発揮されるようにサポートする

という考え方や，子どもの視点に立って応答的に関わる，双方向のコミュニケーションを大切にするという考え方があります。表6-1に示された行動は，これらの考え方が表に現れたものであると理解できます。

2. 学習意欲の源を育てる授業

　子どもたちの学習意欲は，その源をしっかり育てることによって高まっていきます。本章では，学習意欲の源になるもの（学習意欲を高める要因）として，基本的心理欲求，課題価値，自己効力感，原因帰属，ラーニング目標を紹介しました。では，これらの源をどうやって育てればよいでしょうか？ここでは授業に焦点を当て，その具体的な方法を紹介します。

　授業は複数の要素（側面）で成り立っていますが，学習意欲に影響する授業の側面として次の3つをあげることができます。それらは，**課題**（授業中の学習課題や学習活動をどうデザインするか），**評価と承認**（児童生徒をどのように評価したり励ましたりするか），**権限**（児童生徒にどのくらい活動の権限を与えるか）です（Ames, 1992）。これら3つの側面は，教師が授業を計画したりふり返ったりする時の重要なチェック・ポイントになります。

　それぞれの側面のなかで推奨されている実践を表6-5にまとめました。これらの実践はあらゆる時間と場面で行われないといけないというわけではなく，教えるべき事項とのバランスをとりながら，クラスの子どもたちの特徴に合わせて，実践していくことが望まれます。なお，表6-1の自律支援的な行動も学習意欲の源を育てる実践に含まれます。そちらも参考にしてください。

3. 学習意欲に影響する教師の特性

　教師の特性も子どもの学習意欲に影響するため，実践において注意する必要があります。たとえば，第9章で説明されている**教師のビリーフや期待**はその1つです。これらのビリーフや期待は，指導行動となって表に現れ，子どもたちの学習意欲に影響します。たとえば，教師の**イラショナルビリーフ**は，子どもをコントロールする統制的な指導行動（表6-1）となって現れ，子どもの統制的動機づけ（やらされている状態）を高めます。指導行動の根底にあるこういっ

表 6-4 学習意欲の源（基本的心理欲求，価値，自己効力感，原因帰属，ラーニング目標）を育てるために推奨されている実践（Ames,1992, 桜井・黒田 , 2004, Urdan & Turner, 2005, Vansteenkiste et al., 2018 などの知見を統合し，作成）

実践の側面	ポイント	具体例
課題 （どのような課題を，どのように与えるか。学習活動をどのようにデザインするか）	学ぶ意味や必要性を子どもが実感できるようにする	授業のテーマや内容が，まさに自分自身と関係している，あるいは，まさに自分の日常生活と結びついていると，実感できるようにする
		なぜその課題や活動をする必要があるのか，その課題や活動をすることにどのような意味があるのかを，子どもの視点に立って具体的に説明する。もしくは，それらを子ども自身に考えさせ，必要性や意味に子どもが自分自身で気付けるようにサポートする
		将来の目標（つきたい職業，興味関心のある仕事や進学先）を可能な範囲ではっきりさせ，それらと学習内容とを結びつける
	知的好奇心を引き出す課題を設定する	認知的葛藤がある（既有知識や素朴な予想に反しており，「どうしてそうなるのだろう？」と思わせる）課題や，さまざまな答えを想定できる課題など，知的好奇心を喚起する課題を設定する
	ほどよい難易度の，やりがいのある課題を適宜設定する	易しすぎず難しすぎない課題，努力しなくてもできる課題ではなくある程度努力することで解決できる課題，もしくは，達成感を感じられる課題を適宜与える
評価と承認 （子どもの何をどのように評価したり，認めたり，励ましたりするか）	進歩や成長，学習の過程をしっかり評価する	一人ひとりの進歩や成長に注目して，それらを積極的に評価する。学習の結果だけでなく，その過程や費やした努力もしっかり評価する
	評価の多様な機会を設ける	定期試験だけで評価するのでなく，課題発表，プロジェクトの成果，レポート，作品等，多様な機会を設け，進歩や長所を評価しやすくする
	子どもが前向きな信念をもてるように励ます	結果だけに注目するのではなく，そこに至る過程や過去の自分と比べた成長をしっかり見るように励ます。失敗や間違いは能力不足の証拠ではなく，学習に不可欠なものであることを伝える
権限 （子どもの自主性や自己指導性をどの程度尊重するか）	子どもに意思決定の機会を与え，自己決定に基づく行動や学習活動への主体的参加を促す	どの課題や活動を行うかを子どもが選択できる機会を，可能な範囲で設定する。あるいは，教師が設定した課題や活動を，いつ，どのように，どこで行うかを子どもが決められる機会を，可能な範囲で設ける。クラスのルールを決める時，子どもたち自身で決められるようにサポートする
	子どもの自律性と責任性を育てる	学習の目標を子どもが自ら設定できるようにサポートする。学習の目標は，短期間の，具体的で，ほどよく難しい，達成可能な目標に設定するとよい（進歩がわかりやすく，評価がしやすく，やりがいを感じられるため）

た信念や期待も，実践のチェック・ポイントとしてもっていてください。

（黒田　祐二）

＊コラム＊　個人的な体験から学習意欲が生まれることもある

　第2節と3節で説明した通り，勉強の意欲は勉強することの意味や重要性が見出されることで高まります。では，勉強の意味や重要性はどのようにして見出されるのでしょうか？これにはさまざまなケースが考えられます。たとえば，勉強の面白さを感じてそれが自然と見出されることもあれば，親や教師から丁寧に説明されることで少しずつ見出されていくこともあるでしょう。その一方で，個人的な体験からそれが見出されることもあります。たとえば，思春期に入って人間関係のことで悩み始めた生徒が，自分自身や自分が生きている社会のことを知りたいと切実に思い，勉強に意味や価値を見出す（「勉強」とは，大切なことを「知る」ということや「発見する」という営みであったのだと，考え方が変わる）ことがあります。あるいは，好きなゲームのシナリオをとことん調べた生徒が，その背景に実は理科や数学の知識と発想があったことを知り，そこから理系科目に対する見方ががらりと変わることがあります。このように，勉強することの意味や重要性は，学校の勉強を進めていくなかで見出されるだけではなく，それとはおよそ無縁の個人的な体験がきっかけとなって見出されることもあります。子どもの個人的な体験とそこから生まれた「知りたい」という欲求が，学校での勉強にうまく結びついた時，子どもの「学びたい」という強い気持ちが生まれるのではないでしょうか。教師や親はこの結びつきをサポートしていく必要があります。

演 習 問 題

　次の事例を読み，(1)と(2)に答えなさい。

　[事例]　一生懸命テスト勉強をしているにもかかわらず，悪い点ばかりとってしまう生徒がいます。この生徒は「頑張っているのに悪い点しかとれないのは自分に能力がないからだ」と考え，「もう頑張れない」と意欲を失っています。

　(1) この生徒はどうして意欲を失ってしまったのでしょうか。本章で学んだ専門用語を使って説明して下さい。

　(2) この生徒にどのような指導を行うとよいでしょうか。

【引用文献】

Ames, C. (1992). Classrooms: Goals, structures, and student motivation. *Journal of Educational Psychology*, 84, 261-271.

鹿毛雅治 (2013). 学習意欲の理論―動機づけの教育心理学　金子書房

黒田祐二・櫻井茂男 (2012). 動機づけと学業達成―自己決定理論と達成目標理論を中心に　児童心理学の進歩, 51, 83-107.

Ryan, A. C. & Deci, E. L. (2017). Self-determination theory: Basic psychological needs in motivation, development, and wellness. Guilford Press.

坂本真士 (1997). 自己注目と抑うつの社会心理学　東京大学出版会

櫻井茂男 (2009). 自ら学ぶ意欲の心理学―キャリア発達の視点を加えて　有斐閣

櫻井茂男 (2020). 学びの「エンゲージメント」―主体的に学習に取り組む態度の評価と育て方　図書文化

桜井茂男・黒田祐二 (2004). 動機づけ理論は学校教育にどのように活かされたか―応用研究の体系化と授業実践への貢献の評価　心理学評論, 47, 284-299.

Urdan, T., & Turner, J. C. (2005). Competence motivation in the classroom. A. J. Elliot & C. S. Dweck (Eds.). *Handbook of competence and motivation*. (pp.297-317) Guilford Press.

Vansteenkiste, M., Aelterman, N., De Muynck, G. J., Haerens, L., Patall, E., & Reeve, J. (2018). Fostering personal meaning and self-relevance: A self-determination theory perspective on internalization. *Journal of Experimental Education*, 86, 30-49.

Weiner, B. (1972). *Theories of motivation: From mechanism to cognition*. Chicago: Markham.

Wigfield, A., Rosenzweig, E. Q., & Eccles, J. S. (2017). Achievement values. A. J. Elliot, C. S. Dweck, & D. S. Yeager (Eds.) *Handbook of competence and motivation second edition*. (pp.116-134) Guilford Press.

Reeve, J., & Jang, H. (2006). What teachers say and do to support students' autonomy during a learning activity. *Journal of Educational Psychology*, 98, 209-218.

Reeve, J., Ryan, R. M., Deci, E. L., & Jang, H. (2008). Understanding and promoting autonomous self-regulation: A self-determination theory perspective. D. H. Schunk & B. J. Zimmerman (Eds.) *Motivation and self-regulated learning: Theory, research, and applications*. (pp.223-244) Taylor & Francis.

7 学習指導

児童生徒の学びをどのように導けばよい？

授業での教師の教え方は，子どもたちの学び方に大きな影響を与えます。たとえば，機械的に知識を暗記させる教え方のもとでは暗記重視の学び方になるでしょうし，考えることで知識を獲得させる教え方のもとでは思考重視の学び方になるでしょう。教師は，「子どもたちにどう教えればよいか」を考えるだけではなく，「子どもたちがどう学ぶとよいか」や「子どもたちにどのような学びが必要か」を考える必要があります。

本章では，このように表裏一体の関係にある「教える」と「学ぶ」の両方について考えていきます。児童生徒の学びについて考えるために，3つの学習観を紹介します。教師の教え方について考えるために，4つの学習指導法を紹介します。これらに加えて，主体的・対話的で深い学び，自己調整学習，学習方略の指導方法についても説明し，「教える」と「学ぶ」について考えます。

 第1節 学習とは何か？──3つの学習観

学習とは行動の獲得メカニズムを説明する広い概念です。ここでは，学習でも授業のなかでの学習（知識の獲得）に焦点を当てて，学習とは何か（児童生徒が知識をどのように獲得するか）について考えます。この疑問に対する答えとして3つの見方を紹介します（Greeno et al., 1996）。

1つ目は，条件づけの理論に基づいた**行動主義的な見方**です（第4章参照）。この見方では，学習とは，刺激と反応とのあいだにこれまでになかった新しい結びつき（連合）ができることであると考えます。この連合は反復練習によって作られ，外部から強化子が与えられることで強化されます。英語学習を例に説明すると，英単語の文字（刺激）と発音（反応）の連合は，くり返し声に出す練習によって作られ，練習した発音を教師からほめられることで強化されます。

いわゆる知識は，このような刺激と反応の連合の集まりであると考えます。後述するプログラム学習は，行動主義的な見方に基づく学習指導法です。

　2つ目は，認知心理学の諸理論（5章参照）やピアジェによる構成主義的発達理論（2章参照）に基づいた**認知的な見方**です。この見方では，学習とは，思考・推論・記憶などの知的機能（情報処理機能）を用いて知識の体系を作ることであると考えます。とりわけ構成主義の考え方では，学習とは学び手が主体的に思考しながら能動的に知識を作り上げていく活動であると考え，学び手が能動的・主体的に学習に関わっていくことを重視します。後述する有意味受容学習や発見学習は，認知的な見方を反映した学習指導法です。

　3つ目は**状況論的な見方**です。行動主義的・認知的な見方では学習を個人的な営み（人の頭のなかで生まれるもの）ととらえますが，状況論的な見方ではそれを社会的な営み（人と人とのあいだで生まれるもの，あるいは，状況や文脈と切り離すことができないもの）ととらえます。具体的には，学習とは他者との相互作用や社会的・文化的な実践活動のなかで知識を獲得・共有していくことであると考えます。後述する協同学習や，社会的な問題の解決に取り組むプロジェクトベース学習は，この見方に関係する学習指導法です。

第2節　どのような教え方があるだろう？──4つの学習指導法

　学習指導法として，①有意味受容学習，②発見学習，③協同学習，④プログラム学習を紹介します。①と②はクラス一斉に学習を進める時の指導法（一斉学習の導き方），③はグループで学習を進める時の指導法（グループ学習の導き方），④は個人で学習を進める時の指導法（個別学習の導き方）になります。

1.　有意味受容学習

　オーズベル（Ausubel, D. P.）は，学校での授業の進め方を，「授業において教師と子どものどちらが主体になるか」という観点と，「子どもがどのように知識を獲得するか」という観点から整理しました。前者の観点からは，教師が子どもに知識を授ける（子どもが教師から知識を受け入れる）**受容学習**と，子どもが

みずから知識を発見していく**発見学習**が導かれます。後者の観点からは，暗記や反復によって知識を機械的に取り込む**機械的学習**と，知識を意味づけしながら取り込む**有意味学習**が導かれます。さまざまな制約のため学校の授業では受容学習が行われやすいですが，オーズベルは，受容学習に有意味学習を取り入れた有意味受容学習を行うことが効果的であると提案しました。

　有意味受容学習とは，教師が子どもの既有知識と関連づけながら学習内容を教授していく方法です。有意味受容学習を進める上で必要になるのが，先行オーガナイザー（advance organizer）の利用です。**先行オーガナイザー**とは，新しい情報を取り込みやすくする事前の情報や枠組みのことをいいます。

　先行オーガナイザーには，2つのタイプがあります。1つめのタイプは，これから学習する内容の概要や要約をあらかじめ伝える「説明オーガナイザー」です。たとえば，授業を始める前に話す「テーマ」や「ねらい」は説明オーガナイザーになります。説明オーガナイザーを使うことで，子どもたちのなかに理解の枠組みができるため，授業内容を理解しやすくなります。2つめのタイプは，これから学習する内容と既に学んだ内容との類似点や相違点をあらかじめ伝える「比較オーガナイザー」です。たとえば，前回の授業の復習を最初に行い，前回の授業内容と今回の授業内容との類似点・相違点を伝えてから授業を始めることです。比較オーガナイザーを使うことで，子どもは新しく学ぶことを既有知識と関連づけて理解することができます。

　先行オーガナイザーは，子どもが自分で学習を進める時にも役立ちます。たとえば，本を読む前に目次や見出しをしっかり把握し，それらを意識しながら読み進めていくことで，全体の内容を整理して理解できます。子どもに勉強法を指導する時，先行オーガナイザーを意識するように伝えるとよいでしょう。

2. 発見学習

　ブルーナー（Bruner, J.）は，受容学習においては子どもの学習活動が受動的になりがちであるという問題点を指摘し，子どもが能動的に学習を進め，みずからの発見により知識を獲得する**発見学習**の重要性を指摘しました。発見学習では，法則や知識の発見過程を学習者が追体験できるように進めていきます。

表 7-1 発見学習の進め方（水越, 1981）

授業の流れ	説明
①学習課題の把握	問題場面から発見すべき課題を学習者にとらえさせる
②仮説の設定	与えられた資料に基づいて仮説を立てる
③仮説の練り上げ	仮説を論理的なものにして，その検証方法を考える
④仮説の検証	実験を行ったり，資料と照合したりして，仮説を検証する
⑤発展とまとめ	仮説をさまざまな事例に応用して，仮説の妥当性を確認する

みなさんは，身体けんさで体重をはかったことがありますね。そのとき，はかりの上に両足で立つのと，片足で立つのと，しゃがんでふんばったときとでは，重さはどうなるでしょう。

　ア　両足で立っているときが一番おもくなる.
　イ　片足で立っているときが一番おもくなる.
　ウ　しゃがんでふんばったときが一番重い.
　エ　どれもみな同じでかわらない.

あなたの予想に○をつけなさい。ア　イ　ウ　エ　の予想をたてた人はそれぞれ何人いるでしょう。

みんなはどうしてそう思うのでしょう。いろいろな考えをだしあってから，じっさいにたしかめてみることにしましょう。はかりは針がきちんと止まってから目盛をよみます。

実験の結果

図 7-1　仮説実験授業の例（板倉・渡辺, 1974）

進め方の例を表7-1に示しました。わが国における発見学習の代表例としては，板倉聖宣により提唱された**仮説実験授業**があります。仮説実験授業は主に理科分野で行われており，実験を用いた仮説検証のプロセスに学習者が能動的に参加できるように工夫されています（図7-1）。

3. 協同学習

　グループのメンバーが共通の目標に向かって協力して学習を進めていくことを，**協同学習**といいます。この協同学習の導き方を2つ紹介します。

　1つ目は，バズ学習です。**バズ学習**とは，塩田芳久が考案した方法で，課題

に対する学習者同士の積極的な討議を促す方法です。「バズ」とは，ハチが羽をブンブンと鳴らす音のことであり，グループでガヤガヤと話しあう様子を表しています。バズ学習では，適度な不確定性や難易度を含んだ課題を設定することで積極的な討議を促します。進め方は次の通りです。①課題を把握する，②個人で考える，③グループで討議する，④クラスで意見交換する，⑤教師が補足・修正・まとめを行う，⑥教師のまとめをグループで確認する。

　2つ目は，ジグソー学習です。**ジグソー学習**とは，アロンソン（Aronson, E.）により考案された学習法で，グループの一人ひとりが知識をもち寄ることで，学習課題を完成させる方法です。ピースを組みあわせて1つの絵を完成させる「ジグソーパズル」のように，子どもたちが知識のピースを組みあわせて課題を完成させることから，ジグソー学習と呼ばれています。

　ジグソー学習の手順を図7-2にまとめました。まず，学習教材や課題をいくつかに分割します。たとえば，「江戸時代が長く続いた理由」という教材を，「政治力」「経済力」「軍事力」のように3つに分けます。次に，分割した教材分の人数（上の例で言うと3人）で構成されるグループ（ジグソー・グループ）を作り，グループ内の各メンバーにいずれかの教材を割りあてます。その後，同じ教材の子ども同士でグループ（カウンター・グループ）を作り，話しあいを通して教材の理解を深めます。そして，各メンバーがジグソーグループに戻り，それぞ

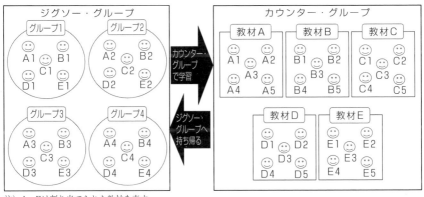

注）A〜Eは割り当てられた教材を表す

図7-2　ジグソー学習の手順

れの知識を教えあうことで，学習教材全体を習得します。

　協同学習を成功させるためには，課題や目標を明確にするのはもちろんのこと，一人ひとりの責任感と協力関係を促す必要があります。たとえば，ジグソー学習のように相互利益的な課題を与えたり，グループ成員数を少なくして各人に重要な役割を担わせたりするなど，指導上の工夫が必要です。

4. プログラム学習

　プログラム学習とは，スキナーによって提唱された，オペラント条件づけを応用した学習指導法です。すなわち，学習の到達目標に至るまでステップを細かく分けて配列し，学習者の回答に対して即座にフィードバックを与えながら，学習者のペースで到達目標にたどり着けるようにする学習指導法です。具体例を表7-2に示しました。

　プログラム学習は5つの基本原理に基づいて行われます（表7-3）。これらの原理は一斉学習の指導においても大切にしたい基本的な考え方です。また，プログラム学習には，直線型プログラムと枝分かれ型プログラムの2つのタイプ

表 7-2　アメリカの小学校 3,4 年生に，manufacture という単語の綴りを教えるために作られた教材
(Skinner, 1968 沼野一男監訳, 1972)

1　Manufacture とは作るあるいは造るという意味です。*Chair factories manufacture chairs.*
（いす工場では，いすを造る。）次にこの単語を書き写しなさい。
　　　　□□□□□□□□□□□

2　この単語の一部分は，factory という単語の一部分と同じです。両方に共通している部分は**作る**あるいは**造る**という意味の昔の言葉がもとになっています。
　　　　manu □□□□ ure

3　この単語の一部分は manual という単語の一部分と同じです。この同じ部分は**手**という意味の昔の言葉がもとになっています。昔は多くのものが，手で作られたものです。
　　　　□□□□ facture

4　同じ文字が二つの空白のどちらにもはいります。
　　　　m □ nuf □ cture

5　同じ文字が二つの空白のどちらにもはいります。
　　　　man □ fact □ re

6　Chair factories □□□□□□□□□□□□ chairs.

表 7-3　プログラム学習の基本原理

①積極的反応の原理	学習者が積極的に回答できるようにする。たとえば，正解を選択肢のなかから選ばせるよりも，自分で構成させるようにする
②スモール・ステップの原理	学習者が容易に正答できるように，問題や課題をできるだけ細かく分けて配列する。また，一つひとつ正答することで到達目標にたどり着けるように，体系的に配列する
③即時フィードバックの原理	学習者の回答に対してすぐに正誤のフィードバックを与える。正答反応を即座に強化できるようにする
④自己ペースの原理	学習者のペースで課題に取り組めるようにする
⑤学習者検証の原理	学習者の回答の仕方や学習の結果を分析して，プログラムを改善する

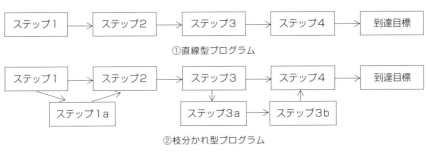

図 7-3　プログラム学習の種類

があります（図7-3）。前者は，課題を直線的に配列したもので，どの学習者も同じプログラムをたどるように設計されています。後者は，課題に対する誤答のタイプによって課題が枝分かれしたものであり，学習者によって異なる学習プログラムとなるように作られています。

　近年，プログラム学習は，コンピュータを利用した **CAI**（Computer Assisted Instruction）に発展しています。CAI は，学習課題をコンピュータに組み込み，学習者がコンピュータ上の手順に従って学習を進めていくものです。

5．個人の特性によって異なる学習指導法の効果──適性処遇交互作用について

　学習者には，能力やスキル，性格や興味などの面で個人差があり，その個人差に応じて，どのような教え方をすればよいかは変わってきます。ある研究か

ら，対人積極性の高い（活発で，自己主張ができ，自信のある）学生には映像による非対面授業よりも教師による対面授業の方が効果的であり，逆に，対人的積極性の低い（受け身的で，従順で，自信のない）学生には対面授業よりも非対面授業の方が効果的であったことが示されています（Snow et al., 1965）。

このように，学習者の特徴（適性）によって，効果的な指導法（処遇）が異なることを，**適性処遇交互作用**（aptitude-treatment interaction；ATI）といいます。学習の進度によって子どもをグループ分けして指導する**習熟度別指導**も，適性処遇交互作用の考え方に基づいた指導であると考えられます。

第3節　子どもたちにどのような学びが必要だろう？

1. 主体的・対話的で深い学び（アクティブ・ラーニング）

21世紀は新しい知識が次々と生まれる知識基盤社会といわれます。また，情報化や人工知能の発達に伴い，これからの社会や生活は大きく変化すると予想されます。新しい学習指導要領では，こういった変化の激しい時代を生き抜くために必要な資質・能力を3つの柱としてまとめ，学校において育成する必要があるとしています。それらは，**①実際の社会や生活で生きて働く知識及び技能**，**②未知の状況にも対応できる思考力・判断力・表現力など**，**③学んだことを人生や社会に活かそうとする学びに向かう力，人間性など**，です。

児童生徒がこれらの資質・能力を身につけるためには，暗記や詰め込みとい

表7-4　主体的・対話的で深い学びを実現するための授業改善の視点（中央教育審議会，2016）

①主体的な学びの実現に向けて
児童生徒が学ぶことに興味や関心を持ち，自己のキャリア形成の方向性と関連付けながら，見通しを持って粘り強く取り組んだり，自己の学習活動を振り返って次につなげたりすることができているか

②対話的な学びの実現に向けて
子供同士の協働，教職員や地域の人との対話，先哲の考え方を手掛かりに考えること等を通じ，自己の考えを広げ深められているか

③深い学びの実現に向けて
習得・活用・探究という学びの過程の中で，各教科等の特質に応じた「見方・考え方」を働かせながら，知識を相互に関連付けてより深く理解したり，情報を精査して考えを形成したり，問題を見いだして解決策を考えたり，思いや考えを基に創造したりできているか

った学び方では不十分であり，**主体的・対話的で深い学び**（または，アクティブ・ラーニング）が欠かせません。この学びを実現できるように授業を改善していくことがこれからの教師に求められています（表7-4）。

2. 自己調整学習

アクティブ・ラーニングに関係する研究は教育心理学の分野で古くから行われてきました。その1つに**自己調整学習**（self-regulated learning）の研究があります（伊藤, 2009）。自己調整学習とは，学習者が能動的かつ建設的に学習を進めていく一連の過程を表した用語です。具体的には，学習の目標を設定し，その目標の達成に向かって，自分の認知・行動・動機づけをモニターしたり修正したりしながら，能動的に学習を進めていくことを指します（Pintrich, 2000）。

自己調整学習は学習の過程を表したものであるため，時系列でとらえることができます。時系列で見ると自己調整学習は3つの段階をたどります（図7-4）。計画（forethought）の段階は，課題に取り組む前の段階にあたり，入念な準備を行って学習活動に見通しをもつ段階です。この段階では，すべき課題を分析して目標を設定し，課題解決や目標達成の方法（学習方略）を決定します。また，結果期待や効力期待をもったり，課題に興味や価値を見出したりすること

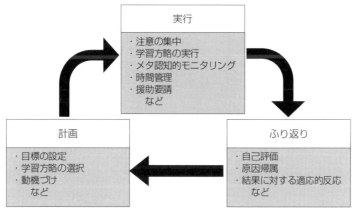

図7-4　自己調整学習の3つの段階（Zimmerman, 2011に基づいて作成）

で，動機づけを高めます（第6章参照）。次の実行（performance）の段階は，課題に取り組んでいる最中の段階です。この段階では，自分をモニタリングおよびコントロールすることで課題の解決にあたります。たとえば，課題に注意を集中させる，自分の思考をモニタリングする（メタ認知的モニタリング），うまくいかない時に教師に質問したり参考書を読んだりする（援助要請）などです。最後のふり返り（self-reflection）の段階は，課題に取り組んだ後の段階です。ここでは，目標に照らして結果を評価し，次の学習活動につなげます。たとえば，到達度を評価したり，成功や失敗の原因を分析したり（原因帰属）することで，次の学習に活かしたり自信を高めたりします。

　シャンク（Schunk, D. H.）とジマーマン（Zimmerman, B. J.）によれば，自己調整学習はひとりでにできるようになるものではなく，教わることで身につく学習であるといいます。そのため，次節で述べる学習方略も含め，自己調整学習の各種スキルを着実に育てる指導が求められます。スキルの指導法としては，子どもにモデルを示して**観察学習**させる，スキルを実際に実行する**実践**の場面を多数設定する，実践に対する**具体的なフィードバック**を必ず与える，**成功体験**を与えて効果を実感させる，などの方法が提案されています。

　自己調整学習の指導では発達段階も考慮する必要があります。たとえば，自己調整学習に不可欠なメタ認知の力は児童期の中〜後期に発達するため，その前後で指導のあり方は異なるでしょう（第2章も参照）。この時期より前は，大人が子どものメタ認知の代役やモデルとなってメタ認知能力の基礎を築き（例：みずからの頭のなかのメタ認知活動を声に出して子どもに伝える），それ以降は，子どものメタ認知能力を引き出す指導へと少しずつ移行する（例：手がかりやヒントを与えて必要なメタ認知活動を子どもから引き出す）などが考えられます。

 第4節　実践に向かって──学習方略とその指導

　これからの学習指導では，教科内容の指導だけでなく学習方略の指導も大切です。子どもたちが具体的にどうやって学べばよいかを知らなければ，アクティブ・ラーニングや自己調整学習の実現が困難になるからです。

表7-5　学習方略の種類，定義，具体例 (深谷, 2016；Ormrod, 2011；植阪, 2010 に基づき作成)

種類	定義	下位分類	具体例
認知的方略	情報処理の仕方に関わる学習方略	浅い処理方略	機械的に何度も読んだり書いたりするなど，単純反復により表面的に覚える（つまり，暗記する）
		深い処理方略	既有知識と関連づけたり意味を理解したりしながら覚える精緻化や，情報を整理・分類して覚える体制化
メタ認知的方略	情報処理の仕方と結果を評価・調整する学習方略		どのくらい理解できたかをセルフ・チェックする「理解モニタリング」，学んだことを言葉にして説明してみる「自己説明」，自問自答する「自己質問」，学習の進行状況や質を評価する「自己評価方略」
外的リソース方略	外的資源（他者，図書など）を利用する学習方略		問題が解けない時にそのままにしておかないで教師に尋ねる「援助要請」，その問題に関係する教科書や参考書のページを読む

　学習方略とは，学習を効果的に進めるために用いる方略のことです。いわゆる「勉強の仕方」や「学び方」を指す用語です。学習方略の種類を表7-5に示しました。どれも大切な方略ですが，とくにメタ認知的方略と深い認知的処理方略が質の高い学習と関連することがわかっています。

　児童生徒が学習を効果的に進めるためには，学習方略の豊富な知識をもち，その時の課題や状況にもっとも適した方略を知識のなかから選び，選んだ方略を適切に実行することが求められます。しかし，児童生徒のなかには学習方略を実行できない者や実行しようとしない者がいます。彼らは次の3つの段階のいずれかにいると考えられます。すなわち，①そもそも学習方略の知識がないためそれを使えない段階，②学習方略の知識はあるが必要とされる方略を自発的に利用しようとしない段階，③学習方略の知識をもち必要な方略を自発的に利用しようとしているが上手に利用できない段階です（植阪, 2010）。このことをふまえると，学習方略の指導方針としては，①まずは方略の知識を獲得させること，②次に方略の有効性を実感させたり方略使用の負担や大変さを減らしたりすることで自発的な利用を促すこと，③最終的にさまざまな場面で上手に利用できるように方略の実行スキルを獲得させることが考えられます（植阪, 2010）。

表7-6　学習方略を促す方法（Ormrod, 2011より作成）

①授業で学習内容を教える時，同時に，どうすればそれを効果的に学んだり思い出したりできるか，その方法を教える

②多様な学習方略を教える（たとえば，ノートのとり方，要約の仕方，セルフ・チェック・クイズの実施，記憶方法，新しい具体例を考えてみることなど）。また，場面や目的に応じて学習方略を使用できるようにする。

③新しい学習方略を進んで使えるように足場作りをする。たとえば，方略のモデルを示したり，いつどの場面で方略を使えばよいかヒントを与えたり，適切な方略使用と不適切な方略使用に対してフィードバックを与えたりする

④さまざまな学習方略の有用性を説明する（子どもの年齢を考慮して）

⑤ペアや小グループで方略を学ばせる。たとえば，学習内容に関して「なぜ」「どのように」といった質問（深い理解を問う質問）をそれぞれが作り，パートナーに答えさせる。方略を子ども同士で共有できるようにする。

　学習方略を具体的にどう指導すればよいでしょうか。その例を表7-6に挙げました。方略の指導は普段の授業のなかで行うことができます（表の①）。この時，単に「このような方法がある」と伝えるのではなく，授業内容に則して具体的に説明することや，その方略の有用性や必要性を子どもが実感できるように説明することが効果的です。こうした直接的な教示だけでなく，足場作りをすることで子どもの自発的な方略使用を促すことも大切です（表③）。**足場作り**（scaffolding）とは，学習者の発達の最近接領域に着目した援助法であり，教師がすべてを教えてしまうのでなくヒントや手がかりを与えながら子どもの学習を導くことを指します。また，子ども同士で学習方略を教えあう**相互教授法**もあります（表⑤）。最後に，学習方略の利用を促すには，子どもが実際に方略を実行し，それによって望ましい結果が得られたという成功体験が欠かせません。学校や家庭でこのような機会を提供していくことが今後求められます。

（黒田　祐二）

演 習 問 題

(1) 受容学習と発見学習の長所と短所をそれぞれ考えよう。

(2) 深い認知的処理方略やメタ認知的方略を学校で指導する方法を考えよう。

【引用文献】

中央教育審議会（2016）．幼稚園，小学校，中学校，高等学校及び特別支援学校の学習指導要領等の改善及び必要な方策等について（答申）

深谷達史（2016）．メタ認知の促進と育成　北大路書房

Greeno, J. G., Collins, A. M., & Resnick, L. B. (1996). Cognition and learning. In *Handbook of educational psychology*. Prentice Hall International, pp. 15-46.

板倉聖宣・渡辺慶二（1974）．仮説実験授業記録集成4　ものとその重さ　国土社

伊藤崇達（2009）．自己調整学習の成立過程　北大路書房

水越敏行（1981）．発見学習入門　明治図書

Ormrod, J. E. (2011). *Educational psychology: Developing learners*. Pearson.

Pintrich, P. R. (2000). The role of goal orientation in self-regulated learning. In *Handbook of self-regulation*. Academic Press, pp. 451-502.

Skinner, B. F. (1968). The Technology of teaching. 村井実・沼野一男監訳（1972）教授工学　東洋館出版社

Snow, R. E., Tiffin, J., & Seibert, W. F. (1965) Individual differences and instructional film effects. *Journal of Educational Psychology*, 56, 315-326.

植阪友理（2010）．メタ認知・学習観・学習方略　市川伸一（編）『発達と学習』第7章　北大路書房，pp.172-200.

Zimmerman, B. J. (2011). Motivational sources and outcomes of self-regulated learning and performance. In *Handbook of self-regulation of learning and performance*. Routledge, pp.49-64.

8 教育評価
児童生徒をどのように評価すればよい？

　学習指導と教育評価は車の両輪のように切っても切り離せない関係にあります。前章で紹介したように，学習指導とは，児童生徒に何かを学び取ってもらうために働きかけを行うことです。児童生徒に何かを学び取ってもらうために，どのような環境を準備して，どのように働きかけ，どう学びのプロセスをプロデュースするかということが，学習指導で重要になります。一方，教育評価とは指導の内容がどのように，そしてどの程度伝わったかを確認すること，またそれに基づいて，次の指導方針や指導内容に役立てることがその本質です。したがって，評価は本来，児童生徒の序列をつけるためのものではありません。教師には，このような評価についての本質的な理解と，評価を行うための方法やツールに関する知識，評価を行う時に気をつけておきたいポイントについての理解，適切な評価からより良い指導につなげる実践力などを身につけることが求められます。

　本節では，このような指導と評価の考え方や具体的な方法について見ていきましょう。

 第1節　教育評価は何のために行うのか？

　教育評価の目的は児童生徒の序列をつけることではありません。では，教育評価は何のために行うのでしょうか。何を対象に，いつ，どのように評価し，どのような点に気をつけるべきなのでしょうか。

1. そもそも教育評価とはどのようなものか

　評価には，価値をつけるという側面があります。児童生徒の学びや，教師や学校が行う教育活動の質がどのような水準にあるのか，さまざまな形式，方法で対象化し，価値づけることが教育評価の主な内容です。さらには，価値づけられた結果を次に活かすことも重要になります。教育評価には，評価の結果を

表 8-1 測定，評価，評定の内容と重点 (北尾, 2006 より作成)

用　語	測　　定	評　　価	評　　定
内　容	数量的資料をつくりだすこと	目標に照らして資料から価値判断すること	数値や記号で評価の結果を表すこと
重　点	対象の数量化	価値判断	評価のわかりやすい総括
順　序	評価よりも先に行うもの		評価の後に行われるもの

(注) これらと似た意味の「アセスメント」はその後の処遇も含めた総合的な解釈に重点が置かれる

指導や学習に役立てるところまで含まれます。

ところで，評価とよく似ている言葉に，**測定**や**評定**があります。これらの違いを知ることで，評価をより深く良く理解することができます。これを北尾倫彦 (2006) は表 8-1 のように説明しています。

ここからわかるように，測定とは対象を数量化することです。これは当然ながら評価の前に行う必要があります。児童生徒の学力や理解の到達度など教育評価の対象となるものはすべて測定の対象となる可能性があります。ただし，評価資料がすべて数量化されているものであるとはかぎりません。評価資料には質的な資料（作品や表現など）も含まれます。また，評定とは評価の結果を総括して 5，4…あるいは A，B…と数値や記号で表現することを意味しています。したがって，評定は評価に基づいて行う必要がありますので，必然的に評価の後に行われることになります。

2. 教育評価の目的

では，教育評価はなぜ必要なのでしょうか。読者のみなさんにとって，「評価を受ける」ということは苦々しく感じられることかもしれません。評価をする側も，される側も，あまりよい心地がしないかもしれません。

教育評価の目的をひとことで表すと，「教育と学びの質を高めるため」です。「より良い教育を行うため，より良く学ぶため」ということもできます。これを基本として，視点を教師の立場に置くと，「教師が指導のあり方を反省し，改善するため」となりますし，学習者自身に置くと「学習を意欲的・効果的に行うため」となります。みなさんにも提出したレポートに対して，評価が気に

なるという経験があるのではないでしょうか。「単位がとれているかが心配だ」ということのほかにも、「どのように評価を受けたのか気になる」という気持ちがあるのではないでしょうか。評価を受けることによってモチベーションが上がった、やり方を改善できたという経験がある人も少なくないでしょう。評価には、このように学習者を動機づけたり、やり方を修正させたりする機能があります。これを**評価の動機づけ機能**, **評価の自己調整機能**といいます。

3. 教育評価の対象

　次に、教育評価の対象となることがらについて、図8-1 にまとめました。児童生徒（学習の主体）についての評価と、学校や教師、授業といった教育の処遇条件についての評価があります。児童生徒に期待された教育の成果が現れているかを評価し、不十分なところがあれば、それを指導に活かします。また、教育の処遇条件が教育目標に照らして十分に機能しているかを評価し、不十分であれば適正な処遇へと改善します。

第2節　さまざまな教育評価のかたち

　教育は、図8-1 に示すように、学習の主体と教育の主体とのあいだで絶え間なく相互作用するダイナミックなものです。そのため、その過程のどこに焦

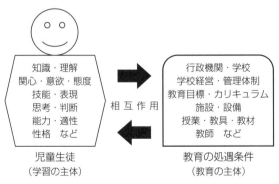

図 8-1　教育評価の対象

表 8-2　評価方法の種類・分類

評価の時期による分類	診断的評価 →事前の評価	形成的評価 →事中の評価	総括的評価 →事後の評価	
評価の基準による分類	絶対評価 →目標準拠	相対評価 →集団準拠	個人内評価 →縦断的評価(時系列変化) →横断的評価(個人内強弱)	
評価の主体による分類	自己評価	他者評価	相互評価	

点をあてて，どのように評価するのかによって，アプローチの仕方はさまざまに変わります。表8-2 には，教育評価の方法，種類がいくつかの観点で分類されています。

1. 評価時期（事前・事中・事後）による分類

　教育評価の方法を分類する視点のひとつに，評価時期があります。指導前の評価を診断的評価，指導が行われている最中の評価を形成的評価，指導後に行われる評価を総括的評価といいます。

(1) 診断的評価

　新しい学年・学期・単元・授業などに入る前に，指導の参考となる各種の事前情報を収集する目的で行う評価が**診断的評価**です。診断的評価に基づいて，もっとも効果的な指導が行えるようにクラス分けや班分けを行う，指導計画を立てる，到達目標を設定するなど，その情報を指導に活かします。

(2) 形成的評価

　指導が進むなかで，児童生徒がどこまで学習内容を習得し，またどの程度つまずきがみられるのかを把握するために，たびたび行われるのが**形成的評価**です。指導の進行中，たとえば毎回の授業の終わりに加えて授業中にも評価を行い，指導内容が十分か，進行のスピードは適切か，などを判断します。小テストを行ったり，授業中に発問したりして，児童生徒の理解度をチェックするのは，形成的評価にあたります。これは教師にとって指導に軌道修正の必要性が

あるかどうかをフィードバックする情報であるとともに，児童生徒にとっても学習を動機づけたり，調整したりするための情報となります。

(3) 総括的評価

総括的評価は，指導の後に行われる評価です。一連の指導が行われた後，1つの単元が終わった後，学期末や学年末に評価を行い，児童生徒がどの程度学びとることができたか，教師の指導は妥当であったかということなどを評価，検討します。

2. 評価の基準による分類

評価を行うことで価値づけをするということは，つまり良し悪しの判断をするということです。当然のことながら，何を根拠に児童生徒の成績，能力，作品等のパフォーマンスを良い悪いと判断するべきなのかということは，教育評価において大きな論点になります。評価の基準のあり方の違いによって，教育評価は次の3種類に分類することができます。

(1) 絶対評価

「到達すべき教育目標に対してどの程度近づくことができているか」という観点から評価を行う評価のあり方を，**絶対評価**といいます。**目標準拠評価**と表現されることもあります。一例をあげると，テストで80％以上の正答率があった場合にA（目標に十分近づいている），70％以上をB（おおむね近づいている），60％以上をC（まずまず近づいている），60％未満をD（不足がある）と設定して，それを基準に評価を行うというやり方です。他人との比較ではなく，目標に準じて評価を行うという特徴をもつため，教育活動の本質に即していると考えられています。しかし，教育評価の対象は客観的な点数がつけられるものばかりではありません（図8-1 参照）。そのため，目標の設定や児童生徒がそれに近づけたかどうかの判断を，合理性・客観性をもって行えるようにしておくことが必要です。そして，それらの判断は平等で，第三者に説明可能であり，しかも後から検証することができるようにしておくことが重要になります。

また，**到達度評価**も絶対評価に含まれます。これは，児童生徒が学習により，「何がわかり，何ができるようになったのか」を評価するために，教育目

標群を明示して，そのうちの目標 A は達成したが，目標 B は達成していない
など，個別目標にまで子細に評価していき，その個別目標の到達に至るまで指
導をしていくやり方のことです。

(2) 相対評価

　集団における相対的な位置を基準にして優劣を判断する評価の形式が**相対評**
価です。「クラス（学年）で何人中何番目の成績なのか」というような基準で評
価を行うので，集団準拠評価とも呼ばれます。5段階の相対評価（5段階評定）
では，集団内の上位7%を5，次の上位24％を4，中位の38％に含まれる児童
生徒は3，…といったように評価します（図8-2 参照）。この評価方法は客観性
が高く，評価を行う教師側の主観によって評価がゆがむことを避けることがで
きます。また，教師間での基準がずれることを防ぐことができるという利点も
あります。しかし，欠点もあります。たとえば，教師が素晴らしい指導をし，
また児童生徒もそれに応じてみな努力して非常に優れたパフォーマンスを示し
たというケースを考えてみましょう。このような時，相対評価を行うと，結果
自体は優れていても他者との比較のなかでは低い評価になってしまう子どもが

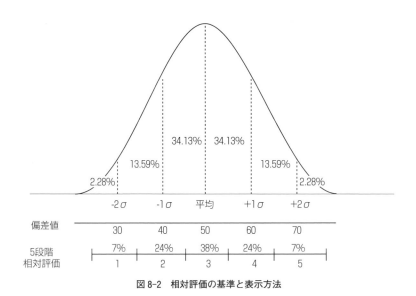

図 8-2　相対評価の基準と表示方法

必ず出てきてしまいます。つまり，目標の達成状況を直接的に反映する評価にならないという問題が生じるのです。頑張って努力もし，結果も良かったのにもかかわらず評価が低いとなると，評価の動機づけ機能も著しく低下してしまいます。ほかにも，結果の得点分布がゆがんでいる場合や少人数集団には適用することができない，という難点もあります。これらのことから，近年では絶対評価を重視するようになっています。

(3) 個人内評価

対を成す上記 2 つの評価方法とは異なる視点から評価を行うのが，**個人内評価**です。「教育目標」や「集団内の相対的位置づけ」は，いずれも児童生徒の外側にある基準でしたが，個人内評価では児童生徒本人の側にある基準に基づいて評価を行います。

このなかで，以前の自分と比べた現在の自分の状態を，「進歩した」とか「停滞している」などと評価するのが**縦断的個人内評価**です。つまり，過去の自分を基準に現在の自分を評価します。古庄（2009）は調査研究などから，日本の子どもたちの自己肯定感がとても低いことを報告しています。教育の場面において，教師はどうしても「できたこと」や「できていること」よりも，「できていないこと」「もう少し頑張ればできそうなこと」に注目しがちです。絶対評価や相対評価のように，児童生徒の外側にある基準に照らすと，どうしてもこういった状況が生じやすくなります。教育の意味から考えると，必然性があるとはいえ，結果的に子どもたちに "You are not O.K." というメッセージを送ってしまっているという側面があるのです。このようなことを考慮に入れると，次節で説明するポートフォリオ評価を活用するなどして，縦断的個人内評価の視点を教育の場面でもっと取り入れていく必要があるといえるでしょう。

個人内評価のもうひとつのやり方が，**横断的個人内評価**です。現時点での得意不得意を教科間の比較や観点間の比較によって評価するアプローチになります。たとえば，「国語や社会科といった教科に関しては意欲や関心，学力も高いが，音楽や美術などの芸術系の科目はそれらに比べて劣っている」などと評価を行うことで，児童生徒の長所や短所に目を向けることができます。

個人内評価は，絶対評価や相対評価と対立したものではなく，それぞれの短

所を補いあう，相補的な関係にあります。その運用にあたっては，特定の評価方法に偏るのではなく，これらを併用することによって評価の視点を広げ，教育の充実を図るように努める必要があります。

3. 評価の主体による分類

評価を誰が行うかといった観点によっても，評価を3つに分類できます。

①**自己評価**：**自己評価**は，児童生徒自身がみずからの学習をふり返って評価するものです。生涯学習が必須の時代において一人ひとりの自己教育力を形成するために，適切に自己評価をする力を育むことはとても大切なことになります。

②**他者評価**：評価のもっともオーソドックスな形が**他者評価**です。教育目標を設定し指導を行った教師自身が児童生徒を評価するのは当然のながれです。しかし，そのしごく当然さが，評価のゆがみにつながることもあります。教師も人間ですので，思い込みや好み，偏見からまったく自由でいられるわけではありません。保護者や同僚，子どもたちの評価，意見も柔軟に取り入れる度量と心のゆとりが必要です。

③**相互評価**：児童生徒同士で互いに評価をしあう，あるいは教員間で互いに教育活動の良し悪しを評価しあうという形式が，**相互評価**です。同じ立ち位置にいる存在からの評価は，時に大きなインパクトや気づきを生み出す効果があります。また，相互評価がうまくいくと，より良い集団づくりにも役立ちます。

第3節 パフォーマンス評価

どれほど客観的でよく標準化されたテストであっても，おのずと「結果」を評価することになります。それゆえ，結果や点数のみを志向する傾向を強めたり，暗記中心の学び方を促してしまったりします。また，「結果」に焦点を当てるあまりに，そこにたどり着くまでの「プロセス」，たとえば創造的な能力を測定することなどへの評価が不十分になるという課題もあります。このような弱点を補完することができるのが，ルーブリック評価やポートフォリオ評価

などのパフォーマンス評価です。

　平成 29 年に告示された学習指導要領では，学校教育によって育成すべき資質・能力の 3 つの柱がつぎのように示されました。

　1）知識及び技能　2）思考力，判断力，表現力等　3）学びに向かう力，人間性等

　そして，これらを育成するために「主体的・対話的で深い学び」の実現を求めています。このような流れからも，ルーブリック評価やポートフォリオ評価を行う重要性が高まっています。

1．ルーブリック評価

　ルーブリック評価は，たとえば，作文やレポートなど文章や実演・実技など，児童生徒の表現を引き出す課題を評価するときに有用な手法です。表 8-3 に示すように，成功の度合いを示す数値的な尺度と，それぞれの尺度に対応する特徴（児童生徒の認識や行為の記述）から成る評価指標をルーブリックと呼びます（田中，2010）。授業や教育活動を通じて，児童生徒の認識や行為がより質の高いものへと連続的に変化していきます。その変化を評価するための判断材料として用いるのがルーブリックです。このようなルーブリックを準備することで，ペーパーテストのような客観テストで測定することが難しい対象も評価できることできます。

（1）ものさしの本数と目盛り

　一般的には表 8-3 にあるように，縦軸に評価の観点を置き，横軸には文章で表現されるレベル別の評価規準（尺度）を並べて配置します（中島，2018）。ただし，田中（2020）のようにこれを縦軸として説明するものもあります。したがって，本質的にはどちらでも問題ありません。まず大切なことは，「ものさしの本数にあたる評価の観点」がいくつあるのかということを考えることです。そして，評価の観点が定まったら，それぞれに「ものさしの目盛りにあたる評価の規準」を設定していきます。子どもたちの学びの深まりが段階的に表現できるように，何段階でどのように設定するのか，ということを考えて，準備します。

表 8-3　読書感想文を評価するためのルーブリック（例）

	評価規準		
	努力を要する	おおむねできている	十分にできている
観点１：内容の要約をする力	要約がまったく書かれていない	要約が書かれているが，不十分もしくは過剰である	適切な長さでわかりやすい要約がある
観点２：感情を表現する力	感情表現がまったくない	感情表現があるが，なぜそう感じたのか読み手に十分に伝わらない	感情表現があり，そう感じた理由や背景が読み手に十分に伝わる
観点３：文章を構成する力	「，」や「。」の使い方，誤字脱字や段落構成などに多くの問題がある	「，」や「。」の使い方，誤字脱字や段落構成などにやや問題がある	「，」や「。」の使い方，誤字脱字や段落構成などに問題がない

(2) ルーブリック評価の利点

田中（2020）はルーブリック評価を用いる利点をつぎのようにまとめています。

①　子どもの作品やパフォーマンスを，１つの観点からではなく，複数の観点から多面的・多角的に評価することができる。

②　ルーブリックを開示することで，何をどのように評価をするのかが可視化され，教師と子どもたちで評価規準や判断基準を共有することができ，保護者にも開かれた評価とすることができる。

③　子どもたちにルーブリックを提示することで，学習目標と評価規準が一致するとともに，高いレベルの判断基準が目標値となり，Ａレベル（筆者注：もっとも高いレベル）を目指そうという学習意欲を高めることにつながる。

④　学習評価がブラックボックスにならないよう，１人の教師の直感ではなく，明確な基準に基づいて客観的に評価することができる。

⑤　複数の教師でルーブリックを共有することで，学年や学校としての学習評価の妥当性，信頼性を高めることができる。

このように，ルーブリック評価は客観性を担保し説明責任を果たすことができるという利点があるパフォーマンス評価だといえるでしょう。

2．ポートフォリオ評価

ポートフォリオは，もともと書類などを整理し，綴じ込んでおくための道具のことです。ポートフォリオに入れる資料は，観察による資料，作業実績によ

る資料, テスト等の資料, 児童生徒が学習過程のふりかえりをした資料などが想定されます。**ポートフォリオ評価**とは, このように児童生徒が学習する過程で生成されたさまざまな成果物を資料としてファイリングしたものについて, 教員や保護者, または児童生徒自身が評価する方法です。このように, 学習のプロセスがポートフォリオにまとめられていくため, 古い資料ほど上に, 新しい資料が一番下にくるようにファイリングされていきます。この点が単なる学習ファイル (一般的に新しい資料を一番上にファイリングします) とは大きく異なる点です。

そして, 単にファイリングするだけでは評価になりません。学びの過程を整理してふり返り, 言語化することが重要です。そのことによって学びの過程を一つひとつ味わいながら, 自分の歩みを確認することができます。また, 児童生徒のふり返りに対して教師や保護者がコメントすることによって, 子どもたちの視野を広げ, 気づきを積極的に促すことができます。このような質の高い教育的相互作用を生み出すことで, 学びの結果だけではなく学びの過程に焦点を当てて評価していくことがポートフォリオ評価の大切なポイントになります。

ポートフォリオ評価を教育活動に取り入れた具体的な導入事例として, 「キャリア・パスポート」があります。文部科学省 (2019) によれば, 「キャリア・パスポート」とは, 児童生徒が, 小学校から高等学校までのキャリア教育に関わる諸活動について, 特別活動の学級活動及びホームルーム活動を中心として, 各教科等と往還し, みずからの学習状況やキャリア形成を見通したり振り返ったりしながら, 自身の変容や成長を自己評価できるように工夫されたポートフォリオのことであると説明されています。また, 児童生徒にとっては「自らの学習状況やキャリア形成を見通したり, ふり返ったりして, 自己評価を行うとともに, 主体的に学びに向かう力を育み自己実現につなぐもの」であり, 教師にとっては「その記述をもとに対話的にかかわることによって, 児童生徒の成長を促し, 系統的な指導に資するもの」であるとされています。このように, 特別活動を中心とし, 各教科と関連づけられたキャリア教育の活動を記録し, 蓄積していくものとして, ポートフォリオ評価が用いられています。

この章のはじめに述べた，指導と評価の車の両輪のような関係になっていることは理解できたでしょうか。基本的にすべての指導は評価に基づいて進められ，また評価に基づいて修正していく必要があります。これが評価から指導へとつながる流れです。一方で，指導したことが児童生徒に伝わったかどうか，児童生徒が指導の内容を適切に学びとることができたかどうか，評価によって確認する必要があります。これが指導から評価への流れです。教師には，この相互の流れを常時くり返すサイクルを作ることが求められます。

1. 教え方の引き出しを増やす

　そのために大切なことの1つめは，学習指導をどのように行ったらよいかという指導の方法に関するアプローチの仕方，つまり教え方の"引き出し"を増やすことです。生徒の学習に対する準備状態（レディネス）や能力，適性を把握した上で，適切な指導の方法を選択できるようになるためには，教師の側に多様な選択肢が用意されていないといけません。
そして，それらを柔軟に使い分けるちからが求められます。これが欠けた場合には，児童生徒を無視した独善的な指導をしてしまうおそれがあります。たとえば，教職課程で学ぶ大学生が教育実習生として教育現場で教える準備をする時などによくみられることですが，指導する内容を自分本位で組み立て，自分の考えたやり方で教えることにこだわるあまり，目の前の児童生徒が置きざりになってしまう場合などです。これは教え方の"引き出し"が不足している例，また評価をせずに指導をしてしまっている例といえるでしょう。

2. 常に評価する

　大切なことの2つめは，"常に評価する"ことです。本章で説明したように，冷静に，そして客観的に教育活動を見つめ，確認する姿勢を怠らないことが教育の質を高めることになります。具体的には，診断的評価によって児童生徒がどこまで学習ができそうか，その可能性を見極めます。そして，形成的評価に

よってつまずいている児童生徒がいないか確認し，そのような生徒がいる場合には補充指導を行います。あるいは，形成的評価によってもっと深いところまで学習できそうであることがわかれば深化指導を行うことができます。さらに，区切りのタイミングでは総括的評価を行い，指導の内容がどれだけ身についたかを評価します。このように，いつでもどこでも評価をすることによって，評価から指導，指導から評価のサイクル，ダイナミズムが生まれます。

3. 評価の動機づけ機能を活かす

　指導と評価のサイクルを作り，常にそのサイクルを動かし続けるためには動力としてのエネルギーが必要となります。評価はうまく機能すると，教師の動機づけを高める機能があります。望ましい評価結果が得られた時にモチベーションが高まるのはもちろんですが，望ましくない結果となった時でも，「児童生徒がどこにつまずいているのだろうか」，「教え方やスピードは悪くなかっただろうか」，「教材の提示順序に良くないところがあったのだろうか」などと指導をふり返り，適切に軌道修正することによって，「よし次はこうしてみよう！」というモチベーションにつなげることは可能です。このような評価の機能を動力源として活かすことができれば，指導と評価のサイクルをより円滑にまわすことができるでしょう。また，このような時には，自己評価ばかりではなく，他者評価や相互評価といった視点を取り入れること，取り入れやすい環境づくりをすることが大切になると考えられます。

（永作　稔）

演 習 問 題

A～Zまでの 26 名の成績を評定してみましょう。

生徒ID	A	B	C	D	E	F	G	H	I	J	K	L	M	N	O	P	Q	R	S	T	U	V	W	X	Y	Z
点数	92	85	78	88	76	95	90	87	98	80	76	72	96	95	85	70	69	88	94	100	89	91	94	96	86	80
絶対評価																										
相対評価																										

(1) 次の 2 つの問いについて答えてください。

　①A～Zの 26 名を絶対評価で評定してみましょう。評定は 80 点以上を「優」, 70 点以上を「良」, 60 点以上を「可」, 59 点以下を「不可」としてください。

　②優～不可のそれぞれに何人の生徒が入ったか, 数を数えてまとめましょう。

絶対評価	優	良	可	不可
人数				

(2) 次の 2 つの問いについて答えてください。

　①A～Zの 26 名を相対評価で 5 段階評定してみましょう。

　②5 段階のそれぞれに何人の生徒が入ったか, 数を数えてまとめましょう。

相対評価	5	4	3	2	1
人数					

【引用文献】

古荘淳一（2009）．日本の子どもの自尊感情はなぜ低いのか　光文社新書

北尾倫彦（2006）．学びを引き出す学習評価　図書文化社

水越敏行（1977）．発見学習入門　明治図書

文部科学省（2019）．「キャリア・パスポート」例示資料等について
　　https://www.mext.go.jp/a_menu/shotou/career/detail/1419917.htm

中島英博（2018）．シリーズ大学の教授法 4 学習評価　玉川大学出版部

塩田芳久（1979）．学習と指導の心理学　黎明書房

田中博之（2020）．「主体的・対話的で深い学び」学習評価の手引き　教育開発研究所

田中耕治（2010）．よくわかる教育評価　第 2 版　ミネルヴァ書房

9 学級集団

クラスはどのようにしてまとまる？

　学校に入学した子どもは，1日の大半の活動時間を自分の所属する学級で過ごし，さまざまな経験を重ねています。学級におけるさまざまな経験は，子どもたちの学びや人格形成にとって非常に重要であると考えられます。子どもたちにとって居心地のよい学級をつくることは，学級での学びの前提条件となっています。一方で，近年，学級では「学級崩壊」「いじめ」などの問題が頻発しており，教師の指導力が問われています。すべての子どもが活かされ，居場所のある学級にするためには，教師は具体的にどのようなはたらきかけを行えばよいのでしょうか。

　本章では，(1) 学級とは何か，(2) 学級における教師と子どもとの関係，(3) 学級における仲間関係，の3つの観点から，学級経営のあり方について理解を深めます。また実践に向けてということで，「学びあいを支える学級集団のあり方」について取り上げます。

 ## 第1節　学級とは何か

　はじめに学級とは何かについて考えてみましょう。学級とは，学校教育において教育的機能を果たす基本単位として編成された集団のことです。学級集団は，他の社会集団と同様の一般的な特徴を備えているとともに，学級集団に特有の性質をも併せもっています。ここでは，学級集団の特徴と機能について取り上げます。

1. 学級集団の特徴

(1) 所属集団としての学級集団

　子どもたちは，両親やきょうだいを構成員とした家族という集団に所属して育ちます。発達に伴い**所属集団**は，近所の仲間集団に広がり，所定の年齢にな

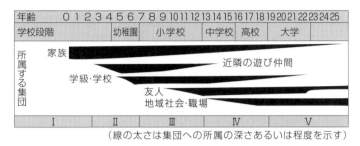

年齢	0 1 2 3 4 5 6 7 8 9 10 11 12 13 14 15 16 17 18 19 20 21 22 23 24 25
学校段階	幼稚園　小学校　中学校　高校　大学

所属する集団

家族

近隣の遊び仲間

学級・学校

友人
地域社会・職場

Ⅰ　Ⅱ　Ⅲ　Ⅳ　Ⅴ

（線の太さは集団への所属の深さあるいは程度を示す）

図 9-1　児童生徒の所属する集団の変化の過程（松浦，1970）

ると幼稚園や小学校の**学級集団**に所属するようになります。そして，年齢を重ねるにつれ，生活空間も拡大し，所属集団もさらに多様化していきます（図 9-1）。年齢の低い段階ではとくに，所属集団が少ないため，学級集団は家族集団とならんで，子どもの発達にきわめて重大な影響を与えていると考えられます。

(2) 公式集団と非公式集団の二重構造

　学級集団とは，教育目標を達成するために，公の制度に基づいて発達段階を同じくする子どもたちを集めた集合体であり，制度的に組織化された集団「**公式集団**」であるといえます。一方，活動を続けるなかで子ども同士の交流が活発化すると，仲良しグループのような形で心理的な結びつきによる下位集団が発生します。このように自然発生的に作られた情緒的色彩の強い集団を「**非公式集団**」といいます。非公式集団は，子どもの学習行動や心身の発達に公式集団と同様にもしくはそれ以上に影響を及ぼすと考えられます。このように学級集団は，制度的に組織化された公式集団のなかに自然発生的な非公式集団が含まれる二重構造をもっている集団であるといえます。

(3) 学級集団の発達過程

　学級集団が構成されてしばらくすると，学級における**集団の凝集性**が高まります。集団の凝集性とは，「ある集団がその成員を引きつけて，その集団から離れることへの抵抗を感じさせる心理的な力」のことです。集団の凝集性が高まることにより，その集団のなかに存在している考え方や価値観，行動の仕方などについての標準的な型が形成されます。これは集団のなかに**集団規範**と呼

ばれる一定の価値観が形成されるためです。この集団規範に従った行動を同調行動と呼びます。また集団規範から逸脱した行動には**集団圧力**が加わり，集団に従わせるような力が働くようになります。

　また集団が形成されていくにつれて，集団の個性というべき集団特有の雰囲気が形成されます。これは**組織風土**と呼ばれ，学級においては**学級風土**と呼ばれています。また集団の目標を達成しようとする意欲のことを**モラール（士気）**と呼びます。組織風土が良い集団，モラールが高い集団は優れた達成を行うこ

表 9-1　学級集団発達過程 (河村，2017 より作成)

	各発達段階の特徴	必要な教師のかかわり
第1期 混沌緊張期	学級編成直後で子ども同士に交流が少なく、集団への帰属意識も低く、学級のルールも定着しておらず、一人ひとりがばらばらの状態。	〈教示的なかかわり〉 ・個人レベルでの子どもとの関係づくり ・子どもたちの願いを取り入れた理想の学級を成立させるための学級目標を設定する。 ・学級目標を達成するために守るルールを設定し、ルールについての理解を促進する。
第2期 小集団形成期	学級のルールが徐々に意識され、子ども同士の交流も活性化してくるが、その広がりは気心の知れた小集団内にとどまっている状態。	〈説得的なかかわり〉 ・ルールを守って行動している子どもを積極的にほめて奨励していく。 ・グループを積極的に活用し、ルールの定着を図る。 ・特定のグループだけではなく、全体の場で教師の意見を表明する配慮が必要。
第3期 中集団形成期	学級のルールがかなり定着し、小集団同士の葛藤後の安定した状態。指導力のあるリーダーのいる小集団が中心となって複数の小集団が連携し、学級の半数の子が一緒に行動できる。	〈参加的なかかわり〉 ・再度どのような学級集団を目指すのかを話しあい必要なルールを再設定する。 ・活動前に目標、役割分担、流れを確認する。 ・リーダーの子どもを支えながら集団のまとまり、活動の推進を陰で支える。 ・子どもたちに自分たちでできたという実感をもたせる。
第4期 全体集団成立期	学級ルールがあらかた定着し、学級全体の流れに反する子どもともある程度の折りあいがつき、子どもがほぼ全員で一緒に行動できる状態。	〈委任的なかかわり〉 ・子どもたちに任せて教師は全体的長期的な視点でサポートする。子どもが対応できない問題に対して解決策のヒントを与える。 ・リーダーシップを柔軟にきりかえる。 ・子どもの主体性を尊重する形で指導する。 ・個人のサポートを適切にさりげなく行う。 ・適切なポイントで子どもの意欲の喚起・維持を行う。
第5期 自治的集団成立期	学級ルールが内在化され、規則正しい生活や行動が温和な雰囲気のなかで展開される。課題にあわせてすべての子がリーダーシップをとれるようになる。学級の問題は自分たちで解決でき、お互いの成長のために協力できる。	

とが知られています。

蘭・古城（1996）は，教師によって「良かった」と想起される学級ほど，①学級の目標が構造化され，②教師主導から生徒主導へと変化し，③教師決定から各生徒の個人決定へ変化し，④学級規範の形成から生徒個々の規範の相対化へと変化し，⑤集団への同一化を経て個人の自立へと向かい，⑥不安感から相互の信頼感へと変化していることを明らかにしています。

学級集団は自然に発達するわけではなく，発達していく過程で教師からの適切な働きかけが必要となります。河村（2017）は，学級集団の各発達段階に必要な教師のかかわりを表9-1のように示しています。教師には，学級の状態と変化の兆候を把握して，各段階において適切な働きかけをすることが求められます。

2．学級集団の機能
（1）学びを促進する機能

日本の学校では，学級での子ども同士の学びあいが大切にされてきました。子ども同士で協力して課題を解決したり競争したりすることで，個人学習では得られない，学習意欲の向上や知識の幅の広がりなどの教育的効果が生じます。

このように他者の存在によって作業の能率（パフォーマンス）が良くなる現象を**社会的促進**といいます。一方，他者の存在がかえってマイナスに作用する場合も考えられます。他者の存在によって作業の能率が低下する現象を**社会的抑制**といいます。一般的には，十分に慣れ親しんだ課題を行う時には社会的促進が生じやすく，課題が困難な時や学習が不十分な時には社会的抑制が生じやすいといわれています。

（2）社会化の機能

学級集団は，子どもを**社会化**する場としても重要な意味をもっています。朝夕の学級会，班活動や係活動，給食や清掃などの当番活動，さまざまな学級行事などを通して子どもたちは自分の所属する学級の価値基準やルールを体得していきます。教師や仲間とともに活動することによって，社会的規範や人間関係の技術などを学び，社会化が促されます。

(3) 自己確立の場としての機能

　学級は自己確立の場としても重要です。周囲の人々と自分を比較することで，自己理解を深めていきます。学級の仲間との相互交流を通して，自他の違いを認識し，自分がどのような人間なのかを理解するようになります。また教師や学級の仲間から受容されることにより，**自己受容**が可能となり，自己を確立していく基盤が形成されると考えられています。

第2節　学級における教師と子どもとの関係

　学級の雰囲気やまとまりは，教師が子どもたちとどのように関わるかによって大きく変わってきます。ここでは，教師のリーダーシップ，教師の子どもへの期待，教師特有のビリーフを取り上げ，それらが子どもとのかかわりにどのような影響を与えるかをみていきましょう。

1．教師のリーダーシップ
(1) 教師のリーダーシップスタイル

　ここでは，教師のリーダーシップスタイルについて，2つの研究を紹介します。ホワイトとリピット（White, R. K., & Lippitt, R., 1968）は，指導者役が用いる3つの異なるリーダーシップスタイル（①**民主的**，②**専制的**，③**放任的**）が，**集団の雰囲気**に与える影響について検討しています。10歳の少年5名ずつからなる3つのグループに，それぞれ異なる指導態度をとるおとなのリーダーのもとで活動に取り組ませ，集団のあり方がどのように異なるかを調べました。その結果，民主的リーダーシップ（方針はメンバーの討議によって決定し，リーダーは全般的な見通しを示し，詳細はメンバーが話しあって決める。）のもとでは，友好的言動，集団尊重の態度が多く認められ，作業に対する動機づけも高くなりました。一方で，専制的リーダーシップ（リーダーが方針を決定し，作業方法，分担，進行などはすべてリーダーが指示する。）のもとでは，子どもたちはリーダーへの依存行動や注目をひこうとする行動，他児への攻撃的言動が多く，放任的リーダーシップ（方針の決定にはリーダーは関与せず，作業方法や分担などにも質問があれば答える程度で

ある。）のもとでは，遊びの会話が多く作業遂行も低いという結果が得られました。以上より，教師は民主的なリーダーシップを発揮することが理想的であるといえるでしょう。

図9-2　PM式リーダーシップ類型

また，三隅・吉崎・篠原（1977）は，集団目標の達成（Performance）に関する**P機能**（目標達成機能）と，集団維持（Maintenance）に関する**M機能**（集団維持機能）の組み合わせにより，PM型，Pm型，pM型，pm型という4類型からリーダーシップをとらえる**PM理論**を提唱しています（図9-2）。教師の指導行動にあてはめると，P機能は，学業成績の向上，学級対抗行事の統率など課題の達成を強調したはたらきかけで，M機能は子ども同士の交流を促したり心理的緊張を緩和したり子どもの集団生活に配慮した働きかけです。三隅ら（1977）によれば，PM型のリーダーシップが発揮される学級では，児童のモラールが高く，子ども同士の連帯が強く，規則が遵守され，学習意欲も良好で，学校不満の得点は低いことが示されました（図9-3参照）。教育現場では，とくにM機能が重要で，強力なM機能に支えられたP機能の発揮が理想的なリーダーシップと考えられるでしょう。

図9-3　**PM式リーダーシップ類型と学校モラール**（三隅ら，1977より作成）

（2）教師のもつ勢力資源

子どもが教師の指示や指導に従うのはなぜでしょうか。先生の指示に従わないと怒られると思うからかもしれません。先生が自分の話をよく聞いてくれて，

受けとめてくれると感じるからかもしれません。このように子どもたちには，教師の指導に従う理由があります。子どもたちは教師になんらかの勢力を感じていて，その勢力に従っていると考えられ，それは**勢力資源**とよばれています。教師が子どもから獲得する**勢力資源**としては，表9-2に示された6つの種類があげられます。

表9-2　教師が子どもから獲得する勢力資源（河村，1996）

a）準拠性（教師に対する好意や尊敬の念，信頼感，ある種のあこがれなど）
b）親近・受容性（教師に対する親近感や被受容感など）
c）熟練性（教師の専門性に基づく教え方のうまさや熱心さなど）
d）明朗性（教師の性格上の明るさ，関わることで楽しい気分になることなど）
e）正当性（「教師」「先生」という役割や社会的な地位に基づく）
f）罰・強制性（教師の指示に従わないと罰せられたり，成績に響いたりするので，それを避けるために教師の指導に従う）

　河村（1996）によると，罰による勢力資源だけでは，子どもとの良好な関係を形成することができず，教師と子どもの人間関係は，評価する者とされる者という役割的で表面的なものになり，教師の指導に反抗したり，不満を募らせたりしてしまいます。教師には，子どもたちが，どのようなところに勢力を感じて指導に従っているのかを把握し，その勢力資源を高めていくことが求められています。

2. 教師の期待が子どもに及ぼす影響
(1) 教師の対人認知のゆがみ

　人が他者を理解していくプロセスには主観的判断が混入し，認知がゆがんでしまうことがあります。教師が子どもを理解しようとする時にも，教師の認知にゆがみが生じ，子どもに影響を及ぼすことがあります。

　「**光背効果**（または**ハロー効果**）」とは，人物評価を行う時に，はじめに一部の良い特性に注目すると全体的に良い評価をしてしまうこと，またはいくつかの悪い特性に注目して総じて悪い評価をしてしまう現象です。教師が学業成績で望ましいと評価した子どもは望ましくないと評価した子どもに比べて，性格や行動面で教師から高い評価を受けやすい傾向があることが知られています。同

様に，容姿や容貌が魅力的な子どもはそうでない子どもに比べて望ましいパーソナリティの持ち主であるとの印象を抱かれやすいことも指摘されています。

また，子どもの問題行動の**原因帰属**（ある出来事がどのような原因によって生じたのかを推論すること）を教師が行う場合，学習上の問題では，教師は子どもの能力や動機づけに原因を求める傾向が強く，行動上の問題では，子どもの動機づけ・性格・仲間関係・家庭環境に原因を求めがちで，教師と子どもの人間関係，教師の励まし・注意などにはあまり原因を帰属させないことが指摘されています。

教師には，こうした認知の歪みが生じている可能性を意識して，子どもたちと関わる際に，注意することが求められます。

(2) 教師期待効果

教師期待効果（または**ピグマリオン効果**）とは，子どもの学業成績や教室内での一般的行動が教師の期待する方向で成就する現象です。この現象は，ローゼンサールとジェイコブソン（Rosenthal, R., & Jacobson, L., 1968）による，いわゆる「オーク・スクール実験」で明らかにされました。彼らは小学校1年生〜6年生の児童に通常の知能テストを実施し，担任教師にはそれを「知能の伸びを予測するテスト」と偽って知らせました。そして知能テストの結果とは無関係にランダムに児童を数人ずつリストアップし，「テストの結果によると，リストアップされた子どもたちは，将来知能が伸びることが見込まれる」という偽りの情報を与えました。8ヵ月後に，再度同一の知能テストを実施したところ，リストアップされた児童（実験群）は残りの子どもたち（統制群）に比べて，とくに低学年で著しい知能指数の伸びを示しました（図9-4）。この現象は，ピグマリオン王が，みずから彫った女性の像に恋をして，命の通った生身の女性になることを願って期待をこめたところ，その思いが聞き入れられたというギリシャ神話にちなんで，ピグマリオン効果とも呼ばれています。また逆の現象として，ババッドら（Babad, E. Y., Inbar, & Rosenthal, 1982）は，教師が子どもの成績が下がるなどの否定的な期待を抱きそれが実現する現象を，**ゴーレム効果**と呼んでいます。

ローゼンサールらの研究を受けて，ブロフィーとグッド（Brophy, J. E. & Good,

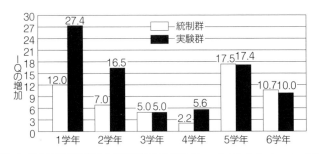

図 9-4　教師の期待の差による知能指数の増加 （Rosenthal, R., & Jacobson, L., 1968）

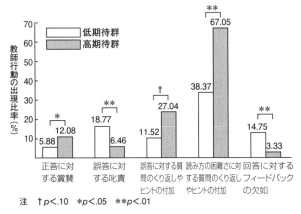

注　†p＜.10　*p＜.05　**p＜.01

図 9-5　教師の期待の差による教師行動の出現比率

T. L., 1974) は，教師期待効果の生起過程において特に重要な意味をもつ教師の指導行動に焦点をあてた研究を行っています。教師が高い期待をよせる子どもに対しては，ほめる機会が多く，また誤答に対してヒントを与える頻度が高いのに対して，期待していない子どもに対しては，回答へのフィードバックが少なく，誤答を叱責する回数が多くなる傾向が見出されています（図9-5）。また別の研究においても，教師が高い期待をよせる子どもに多くの微笑みやうなずきを与え，視線を多く向けることなども見出されています。教師は，子どもの可能性を信じて，子どもに期待することが重要であるといえるでしょう。

3. 教師のビリーフが子どもに及ぼす影響

　子どもとのかかわりには，教師の信念や価値観なども大きな影響を与えます。これを**ビリーフ**といいます。こうしたビリーフのなかでも，絶対的で教義的な「〜ねばならない」とするタイプのビリーフのことを「**イラショナルビリーフ**」といいます。教師は，教師特有のイラショナルビリーフをもつ場合が多いことが指摘されています。イラショナルビリーフをもつ教師は，子どもに対する評価の枠組みが限定され，教師の期待に反する子どもの行動に否定的な評価をすることが増えたり，教師の期待する行動を子どもに強いることが増えたりすることがあります。具体的には，「教師の意図通りに児童を統制・方向づけしようとするビリーフ」「教育実践における集団主義志向のビリーフ」「学級運営の規則・慣例主義志向のビリーフ」などがあげられます。河村・田上（1997）によると，このような教師特有のイラショナルビリーフ（表9-3）が高く，管理意

表9-3　教師特有のビリーフと指導行動・態度・および児童のスクールモラールとの関係 (河村・田上, 1997)

カテゴリー		専門科目教師の認知	学級の児童の認知	ビリーフ高群	ビリーフ低群
児童を認知する基準や枠組み	基準や枠組みが限定される傾向	学級の児童を「良い子」と「悪い子」に明確に分けているような言動が多い。	・えこひいきする。	74.7	7.8
			・いつも同じ人ばかりほめる。	70.4	7.6
			・気に入った人とそうでない人との接し方が違う。	63.8	6.5
			・質問すると，聞いていないからだと決めつける。	51.3	4.3
			・いやなことがあって相談しても，しっかり聞いてくれない。	50.2	3.7
	児童の個性を認める広い基準や枠組み	学級の児童をポジティブにとらえている。学級の児童の1人1人についてよく知っている。	・ひいきしない。	2.7	70.2
			・生徒の意見を聞いてとりいれてくれる。	5.8	68.3
			・質問するとやさしく教えてくれる。	5.8	68.3
コミュニケーション・ユーモア	欠如する傾向	児童と親しく接することが少ない。	・授業がつまらない，単調である。	79.8	8.7
			・話がつまらない。	71.4	5.2
			・先生と個人的な話しをすることが少ない。	57.6	6.8
	豊かな傾向	ユーモアのある態度で児童に接している。児童とふれあう時間が多い。	・授業がおもしろい。	2.8	72.9
			・先生と一緒にいると楽しい。	4.7	71.2
			・先生からよく話しかけてくれる。	5.7	61.8

リーダーシップ	権威的・管理的な傾向	児童に対応する態度の権威的な面がある。 児童を管理しようとする面がある。	・学校のきまりをおしつける。	66.8	8.6
			・細かいことをいちいち注意する。	62.7	3.7
			・厳しい，すぐに怒ったり，どなったりする。	58.4	6.3
			・ものを言うときに命令するように言う。	57.3	3.8
	バランスのとれた傾向	積極的で指導にめりはりがある。 明るくさっぱりしており，児童をくどくどしかることが少ない。 児童個々に細かく対応している。	・厳しいときもあるけれど，やさしい。	7.9	70.5
			・よく声をかけてくれて，励ましてくれる。	7.5	69.6
			・怒るときは厳しい。	46.2	57.8

（注）数値の単位は％です。

識の強い教師は，子どもたちに特有の管理的な対応を実施している傾向がみられます。そしてそのような教師が担任する学級集団では，子どもたちの友人関係や学習意欲，学級活動へのかかわりなどの**スクールモラール**がほかの学級に比べて低くなっていることが明らかにされています（表9-4）。

表9-4　教師のイラショナルビリーフと児童のスクールモラール（河村・田上，1997）

教師のイラショナルビリーフ	平均モラール得点	学級の雰囲気	級友との関係	学習意欲	学級数
低群	28.12(1.94)	9.30(.74)	9.35(1.22)	9.32(.82)	31
中群	26.43(1.98)	8.75(.99)	8.78(1.41)	8.90(.75)	40
高群	25.02(1.57)	8.24(.78)	8.18(.85)	8.81(.56)	34

（　）内は標準偏差　　　　　　　　　　　　　　　　　　　　　　　　$* p<.05$

子どもとのかかわりや学級集団の状態をよい方向へ導くために，教師自身の信念や価値観を見直すことも，糸口になるかもしれません。

 第3節　学級における仲間関係

学級における対人的な経験は，子どもたちの人格形成にとって非常に重要です。ここでは，学級における仲間関係についてみていきましょう。

1. 友人関係の発達

　小学校低学年までの友人関係は，家や席が近いなど物理的な近さによって規定されていますが，小学校中学年以降には親切で優しい，明るいなどという性格的な側面を媒介とした友人関係に発展し，仲間との情緒的な結びつきを強めていきます。小学校高学年から中学生になると，類似性をもつ者同士が異質性を集団から排除することによって集団を維持するようになります。いじめや集団に同化させる集団圧力（ピア・プレッシャー）が生じることもあります。ピアプレッシャーは友人関係の親密さを深めるきっかけとなる一方で，いじめなどの深刻な問題を引き起こす危険性もあります。高校生以降になると，自分とは異なる価値観をもった仲間を排除するのではなく異質性を受け入れ尊重し，人格的尊敬，共鳴といったさらに高次の内面的反応に基づいて友人関係が展開されるようになります。

　教師には，子どもの発達段階に応じて，子どもが必要としている友人関係の形成や維持を支援していくことが求められます。

2. 学級構造・集団力動の理解

　教師には，学級内の人間関係や学級集団の状態を把握し，適切な働きかけをすることが求められます。学級内の人間関係や学級集団の状態を把握するのに，日常の観察によって得られる情報だけでは不充分な場合があります。ここでは，子どもたちの人間関係を把握するための方法について紹介します。各測定法の特徴について理解を深め，観察によって得られた情報などを総合して，集団構造を多面的に把握し，学級運営に活用することが望まれます。

(1) ソシオメトリック・テスト

　ソシオメトリック・テストとは，モレノ（Moreno, J. L.）によって考案された集団構造を把握するための方法です。集団内における個人の選択（好感）感情と排斥（反発）感情をもとに，その集団の構造や集団としてのまとまり具合，およびその個人の集団における地位などを測定するものです。テストの実施は比較的簡便で，選択・排斥の基準となる具体的場面を示し，該当する人の名前をあげてもらいます（表9-5）。

表9-5　ソシオメトリック・テストの項目の例

> 「自習時間に一緒に勉強できるとしたらクラスのなかの誰と勉強したいと思いますか。クラスのなかの同性のお友だちの名前を3人まで書いてください。」
> 「つぎの休み時間にクラスのなかの誰と一緒に遊びたいですか。クラスの同性のお友だちの名前を3人まで書いてください。」

　ソシオメトリック・テストは集団のなかで支援を必要とする個人を把握するために有効ですが，子ども自身がお互いを評価しあうという方法をとるため，子どもの心理的不安が大きいことなどから実施上の難しさがあります。

(2) ゲスフーテスト

　ゲスフーテストは，ハーツホーン（Hartshorne, H.）らによって考案された人物推定法ともいわれる検査です。子ども同士の人物評価を知ることができる検査で，子どもに社会的特性や特定の行動傾向をもつ仲間の名前を直接たずねます。たとえば，「困った友だちを助けてあげる優しい人」「授業中におしゃべりをしないでまじめに参加している人」「学級のリーダー的存在の人」などに該当する級友の名前をあげてもらいます。

(3) 社会的距離尺度

　社会的距離尺度は，ボガーダス（Bogardus, E. S.）によって考案された，子ども同士に心理的距離を相互評定してもらう測定法です。たとえば「親友になりたい（5点）」「同じグループにいたい（4点）」「同じ学級にいたい（3点）」「同じ学年にいたい（2点）」「同じ学校にいたい（1点）」といった5〜7段階の尺度を用いて級友を評定してもらいます。この手法では，上記2つのテストで名前があがらない子どもが学級内でどのような人間関係に置かれているのかを把握することができる点が特徴です。

(4) 学級集団に対する認識を把握する検査

　①**学級風土質問紙**（伊藤・松井，2001）：学級が集団としてもつ個性である「学級風土」を測定する尺度であり，3領域（「関係性」（項目例：行事の時，やる気のある人が多い，このクラスは心から楽しめる）「個人発達と目標志向」（項目例：授業中よく集中している）「組織の維持と変化」（項目例：このクラスでは守るべき規則がはっきりと示さ

れている）) 57項目からなっています。子どもが認識している学級風土について直接的かつ多面的に測定することができます。

　②**Q-U**：「Q-U」（『楽しい学校生活を送るためのアンケートQ-U』の略）は，標準化された心理検査で，学級満足度尺度と学校生活意欲尺度の２つの尺度で構成されています。配慮の必要な子ども（不登校やいじめ被害の可能性が高い子ども，意欲が低下している子どもなど）を発見し，学級集団の状態を把握することができるので，個別指導や学級経営に活用されています。不登校の予防，いじめの発見・予防，学級崩壊の予防，教育実践の効果測定などの目的で使用されています。

　これらの検査を実施する時には，子どもたちの気持ちに十分配慮する必要があります。子どもにとって心理的な負担となり，交友関係に好ましくない影響が及ぶことがないように，検査の趣旨について説明し，得られた結果は実際の行動と必ず一致するわけではないこと，また時間の経過に伴って変化することなどを伝える必要があるでしょう。

 ## 第**4**節　実践に向かって──学びあいを支える学級集団

　新しい時代に求められる学びへの関心の高まりとともに，授業は，子どもが試行錯誤し，他者と協働して，資質や能力をみずから獲得していく場となってきています。こうした学びを成立させるためには，学級集団のなかに，子どもが安心して自分の考えや意見を発言できて，率直に意見交換するための「一定のルールの共有」と「親和的な人間関係」があることが必要です。たとえば，ある子どもが見当違いの発言をしたとしてもからかわれたり批判されたりしない，また異なる意見を有する子どもがいても建設的に話しあうことのできる学級風土が必要です。また自他の成長のために協力しようとする協同意識を高めたり，協同活動をするためのスキルを習得したりすることも必要となるでしょう。この節では，こうした学びあいの成果をあげるための学級集団のあり方について考えてみましょう。

1. 子どもたちの協同意識を高める

　協同学習とは，学習集団のメンバー全員が成長することをメンバー全員の目標とすることを基礎においた実践であり，信頼に支えられた人間関係のもとで，学びあい，高めあいの学習活動を行うことです（第7章参照）。協同学習を導入する際には，協同の精神を学級集団のなかで育てることが必要です。学級全体に，協同の精神が浸透し，協同による集団づくりがどの程度なされているのかということが，協同学習の成否を決定します。

　協同の精神は，学校生活のあらゆる側面で一貫して導入することが大切です。たとえ生活指導の場などで協同的な場面を設けても，より多くの時間を過ごす学習指導の場が競争的であるならば，協同の文化は醸成されないからです。学級においては，競争よりも協同する状況が報われやすいような構造をつくって，動機づけを高めていくことがポイントとなります。

　学級の目標を定め，それが学級の子どもたちに共有されていることも重要です。大谷ら (2016) は，小学校高学年を対象とした調査で，学級で他者に対する配慮や思いやりなどをもつことを期待する向社会的な目標が共有されていると，学級内で学びあいが促進され，結果として学ぶことへの興味が高まり，学習意欲が促進されたり，自己効力感が高まったりするという結果を報告しています。教師が，学級目標のような形で，思いやりや助けあいの重要性を常に子どもたちに意識化させ，それを評価する働きかけを行っていくことで，協同の精神が浸透し，学びあいが生じ，学習意欲の向上につながるのではないかと考えられます。

　また小学生の協同的な学習への動機づけの発達的変化についての研究（岡田, 2018）によると，高学年になるにつれて，仲間と協同的に学ぼうとする内発的動機づけが低くなる傾向が認められます。この背景には，高学年になると仲間と学習する場面で社会的比較を行いやすくなることがあると指摘されています。とくに遂行目標（自分の能力の優位さを示し，他児に勝つことを目指すような目標）が強調される学級では，仲間との社会的比較に意識が向きやすくなると考えられます。そのため，とくに高学年では，うまく協同するための技法を教えるとともに，仲間との協同がもつ重要性や楽しさといった側面にも焦点をあて，協同

的な学びへの動機づけを高めることも必要であると考えられます。

2. 協同学習をするためのスキルを高める

　協同学習では仲間と交流しながら学びを深めていきますが，仲間とどのように学びあえばよいのか具体的な方法がわからない子どもたちも多いです。そのため，授業などで，学びあいに必要とされる対人関係のスキルや集団活動のスキルを学ぶ機会をつくることが必要となります。

　町（2009）は，教師への面接調査から，協同学習に対して否定的な児童は，人と関わることに対して抵抗感があり，友達と関わりあうスキルが低い傾向があることを明らかにしました。ただ，こうした社会性の低い児童でも，話し合いの手順を構造化することで，協同学習に参加し，学習効果をあげる可能性があることが示されています。町・中谷（2014）は，算数の授業で**相互教授法**を取り入れ，その効果を検討しました。相互教授法では，課題に対する自分の考えを説明する役（1名），その説明がより詳しくなるような質問をする役（3名）に別れて，説明役，質問役を交替します。社会性の低い児童は，グループ学習を当初，否定的にとらえていましたが，相互教授法によるグループ学習後には，それが肯定的なものに変化していました。相互教授法により，話し合いの手順が構造化されることで，社会性の低い児童も協同的な学習に参加しやすくなり，学習効果をあげる可能性があることが示されました。

　このような実践を，学校生活の大半を占める授業のなかで積み重ねていくことにより，学びあい，助けあう学級づくりができるのではないでしょうか。

（本多　潤子）

演 習 問 題

(1) A 君は B 君のことをいじめていました。担任教師は A 君が成績優秀であるため，A 君のことを，思いやりがあって優しい青年であると思い込んでいて，2 人は仲が良いのだと思っていました。この時の担任教師の認知のゆがみを何というでしょうか。

(2) A 先生は休み時間によく一緒に遊んでくれます。また子どもたちの話を親身になって聞いてくれ，何か困ったことがあると，いつも相談にのってくれます。一方で，授業中に私語をしたり，忘れ物をしたりしてもほとんど叱ることはありません。このような A 先生のリーダーシップは，PM 理論の何型にあたると考えられるでしょうか。

【引用文献】

蘭千壽・古城和敬（編）（1996）．『対人行動学研究シリーズ 2　教師と教育集団の心理』誠心書房

Babad, E., Inbar, J., & Rosenthal, R. (1982). Pygmalion, Galatea and the Golem: Investigations of biased and unbiased teachers. *Journal of Educational psychology*, **74**, 459-474.

Brophy, J. E. & Good, T. L. (1974). *Teacher-student relationships: causes and consequences.* New York: Holt, Rinehart & Winston.

伊藤亜矢子・松井仁（2001）．学級風土質問紙の作成　教育心理学研究, **49**, 449-457.

河村茂雄（1996）．教師の PM 式指導類型と勢力資源及び児童のスクール・モラールとの関係についての調査研究　カウンセリング研究, **29**, 187-196.

河村茂雄（1999）．生徒の援助ニーズを把握するための尺度の開発(1)——学校生活満足度尺度（中学生用）の作成——　カウンセリング研究, **32**, 274-282.

河村茂雄・田上不二夫（1997）．教師の教育実践に関するビリーフの強迫性と児童のスクール・モラールとの関係　教育心理学研究, **45**, 213-219.

河村茂雄（2017）．アクティブラーニングを成功させる学級づくり　誠信書房

町　岳（2009）．協同学習に否定的な認識を示す児童の理由——グラウンデッド・セオリー・アプローチによる，担任への面接調査の分析を通して——　学校心理学研究, **9**, 37-49.

町　岳・中谷素之（2014）．算数グループ学習における相互教授法の介入効果とそのプロセス——向社会的目標との交互作用の検討——　教育心理学研究, **62**, 322-335.

松浦宏（1970）．学級集団の指導　中西信男・富本佳郎・広井甫（編著）学校心理学　明治図書 114-131.

三隅二不二・吉崎静夫・篠原しのぶ（1977）．教師のリーダーシップ行動測定尺度の作成とその妥当性の研究　教育心理学研究, **25**, 157-166.

岡田涼（2018）．児童期における仲間との協同的な学習に対する動機づけの発達的変化　パーソナ
　　リティ研究，**26**，194-204.

大谷和大・岡田涼・中谷素之・伊藤崇達（2016）．学級における社会的目標構造と学習動機づけの
　　関連――友人との相互学習を媒介したモデルの検討――　教育心理学研究，**64**，477-491.

Rosenthal, R., & Jacobson, L.（1968）．*Pygmalion in the classroom: Teacher expectation and pupils'
　　intellectual development.* New York: Holt, Rinehart & Winston.

White, R. K. & Lippitt, R.（1968）．Leader Behavior and Member Reaction in Three Social Climates.
　　D. Cartwright and A. Zander（eds.）, *Group Dynamics: Research and Theory*, 3rd ed. New York:
　　Harper & Row.

自己とパーソナリティ
自分らしさって何だろう？

　生後1歳の乳児は，鏡に映った自分の像（鏡映像）に向かって笑いかけたり手で触ろうとしたりするなど，鏡映像が自分であるとはわかりません。自分自身を客体として見ることができ，鏡映像が自分自身であることを認識できるようになるのは，いったいいつ頃でしょうか。また，自己の客体的特徴の理解から，どのように自分のことを認知し（自己概念），他人とは違う独立した自分（パーソナリティ）を形成していくのでしょうか。本章では，自己認識・自己概念の発達，パーソナリティについて解説していきます。みんな一人ひとり違う存在ですが，自分というものはもっとも身近な存在であるにもかかわらず，あるいは身近な存在であるがゆえに意外にもその正確な特徴をつかむのが難しいものです。本章では，その人らしさ，つまりパーソナリティをより理解するためのさまざまな方法についても言及します。

 第1節　自己とは　

1. 自己概念とは

　"私は女性である" "僕は心理学を専攻している" "私は楽観的である"……。こうした自己に関する記述的側面のことを心理学では**自己概念**といいます。生まれたばかりの赤ちゃんは，意識が外界のモノに向かい，自己も外界のモノもない，すべてが融合した自他未分化な状態で生きています。たとえば，1歳未満の乳児は，鏡に映った自分の像（鏡映像）に向かって笑いかけたり手で触ろうとしたりするなど，鏡映像が自分自身であることを認識していません。鏡映像が自分自身であることを認識している子どもの割合は，9〜12ヵ月児では0%，15〜18ヵ月児で25%，21〜24ヵ月児になると75%であるという研究報告があります（Lewis & Brooks-Gunn, 1979）。この研究の結果から，2歳前後になると，鏡に映った自己を意識するようになるといえます。

そして，鏡映像の自己認知にみられるような身体的自己に対する意識を始まりとして，子どもはその後，自己意識の対象を広げていきます。ある研究（植村，1979）では，自分の名前を言い始めるのは1歳6ヵ月ごろ，名前を呼ばれて自分を指差し始めるのは1歳7ヵ月ごろ，自分の写真を見て自分の名前を言うのは2歳2ヵ月ごろ，自分の持ち物（洋服や靴）がわかるのは1歳5ヵ月ごろであることがわかっています。このように，子どもは2歳前後から自分の名前，所有物の認識が可能になり，自己の客体的特徴の理解が飛躍的に進んでいきます。

また，ケーラーとフォード（Keller & Ford, 1978）が，3〜5歳の子どもを対象に自由記述法や文章完成法を用いて自分を紹介する内容を検討したところ，3歳頃になると，"私は毎日歯をみがく""僕は速く走ることができる"といった「〇〇する」「〇〇ができる」といった行動面での自己概念が形成され始めることがわかりました。そして，4〜5歳では，"僕には妹がいる""私には友だちがたくさんいる"など，自分と周囲の人々の関係に言及することができるようになり，5〜6歳頃になると，"私は背が高い""僕は太っている"といった身体的特徴を含めた自己概念が拡大していきます。このように，外界や他者との相互作用を経て，"自分"と他者の区別が少しずつ明確になっていき，やがて自己の客体視が可能になっていきます。それに従い，他者とは異なる"わたし"という自分に関する意識が形成されていくことになります。

ところで，自己概念の内容は，多面的であることが示されています。たとえば，ジェームズ（James, 1892）は，自己概念は物質的自己（身体の特徴，衣服，所有物，家など自己の一部ととらえられるものとしての自己），社会的自己（他の人からどのように見られているかによって規定される自己），精神的自己（自己の価値観や信念に基づいて，精神的な価値を目指す自己）の3つの構成要素から成ることを指摘しています。また，ハーター（Harter, 1982）は，子どもの自己概念の測定に際して，学業面での能力，運動能力，社会的承認，身体的外見，行動の5つの領域に分けています。

自己概念の多面性に加えて，さらに階層的に自己概念をとらえるという考え方（モデル）もあります（Shavelson, Hubner, & Stanton, 1976）。このモデルでは，自己概念は学業的自己概念，社会的自己概念，情動的自己概念，身体的自己概念の4つの下位領域に分けられています。そして，これら4つの領域別自己概念

の上位に全体的自己概念を置き，これら4つの領域別自己概念の下位にも自己概念のさらなる下位領域を置いて，自己概念全体を階層構造としてとらえようとしています。このように，われわれの自己概念は，多面的，階層的に形成されると仮定されています。

2. 自己評価と自尊感情

　自己概念と**自己評価**ならびに**自尊感情**との明確な区別は難しいですが，一般的には，自己に関する記述的側面が自己概念であり，そのような記述的側面に対して評価的色彩を帯びたものが自己評価と自尊感情です（図10-1参照）。つまり，自己概念は"自分がどのような人間であるか"に関する側面であり，自己評価および自尊感情は"そのような自分をどう感じているか"に関する側面であるということになります。

　また，自己評価と自尊感情の区別については，自己概念の個々の記述的側面に対する具体的な評価が自己評価であり，多くの自己評価的経験の積み重ねを通して形成された自己評価的な感情複合体が自尊感情であるといえます。

　3歳頃から形成される"○○ができる"といった自己概念は，やがてそうした自分をどのように感じるかという自己評価や自尊感情に結びついていきます。幼児期，児童期前期の子どもは，行動の主人公としての自分が中心であるため，自分を肯定的にみる傾向が強く，自己評価や自尊感情が高い傾向にあります。それが10歳頃になると，他者から自分がどのように見えるのかという他者のまなざしの意識が発達するとともに，他者との比較である**社会的比較**を通して自己評価や自尊感

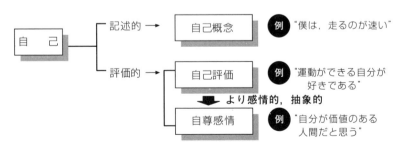

図 10-1　自己への認知のしくみ（榎本，1998 より一部改変）

情が低くなっていきます。さらに，青年期に入ると，他者からの評価に敏感になることに加えて理想が高くなるため，理想と現実のギャップが広がり，現実の自己に満足できず自己の否定的な側面に目が向きやすくなります。

　ハーターは，以下に示す学習面，身体（スポーツ）面，社会（対人関係）面，ならびに全体的な自己評価（自尊感情のことです）を測定する質問紙「認知されたコンピテンス測定尺度」を開発しました。

①　学習面：学業に対してどの程度能力があると思っているか

②　身体（スポーツ）面：スポーツに対してどの程度才能があると思っているか

③　社会（対人関係）面：仲間のなかでどの程度人気があると思っている，どのくらい仲間に受け入れられていると思っているか

④　全体的な自己評価（自尊感情）：全般的な自分の生き方に対して自信があると思っているか

　桜井（1983）は「認知されたコンピテンス測定尺度」の日本語版を作成し，小学校3年生から中学校3年生までの児童生徒を対象にそれらを実施しました。図10-2が示すように，学習面の自己評価と全体的な自己評価（自尊感情）において，学年が上がるにつれて低下する傾向がみられることがわかります。アメリカの子どもを対象にしたハーターによる調査では，4つの自己評価の側面ともに，学年が上がるにつれて低下するという現象はみられませんでした。別の調査においても，自分をダメな人間だと思う中学生，高校生の割合は，他の国（アメリカ，中国，韓国）よりも日本において多いことが示されており，日本における児童・青年は，自己評価あるいは自尊感情が低いということがうかがえます。

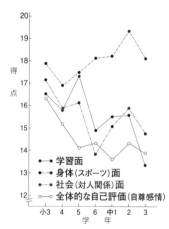

図10-2　各側面の自己評価における発達的傾向
（桜井，1983より作成）

第2節　パーソナリティ

1. パーソナリティとは

　私たちは誰かのことを述べる時に，「あの人は気難しい」とか「あの人は明るい人だ」といった表現を使うことがあります。心理学ではこうしたその人らしさを表すものとして，これまで「性格」や「人格」という概念を用いてきました。両者は若干のニュアンスの違いはありますが，ほぼ同義に使われています。近年，日本の心理学では，「性格」「人格」といった言葉が混乱を招くことから，カタカナで「**パーソナリティ**」と表記することが増えていますので，本書でもパーソナリティということばを用いることにします。

　では，パーソナリティとは何でしょうか。実は，パーソナリティは，概念があいまいで多義的で，統一した定義がありません。たとえば，今日のパーソナリティ研究の基礎を築いたといわれるオルポート（Allport, G. W.）は，パーソナリティを「個人のなかにあって，その人の特徴的な行動と考え方を決定する精神・身体的システムとしての力動的体制である」と定義しています。また，同じく代表的なパーソナリティ研究者であるアイゼンク（Eysenck, H. J.）は，「パーソナリティとは，多かれ少なかれ安定した個人の特徴（性格，気質，知性，体質など）の持続的な体制で，個人に独自の環境への適応の仕方を決定するものである」と定義しています。

　このように，パーソナリティの定義は研究者によって多少異なっていますが，共通して認められる特徴として，

　①　他者とは異なる個人を特徴づける独自性という側面がある

　②　ある程度，場面や時間を超えて一貫している行動傾向である

という2点があげられます。現時点でのパーソナリティの定義としては，「パーソナリティは，個人の感情や思考，行動などの一貫した傾向を記述し説明するその個人の特徴」（Pervin & John, 1997）というものが広く使われています。

　パーソナリティは，人の行動の基盤となるもので，パーソナリティが基盤になって人間の行動や考え方の多様性が生まれると考えられています。パーソナリティには，生まれながらに備わっているもの（「**気質**」と呼ばれます）と，環境

によって作られていくものとがあります。

2. パーソナリティの理論

　パーソナリティを理解する枠組みとしての理論にはさまざまなものがありますが，ここでは代表的な理論として，**類型論**，**特性論**，**精神分析的理論**について紹介します。

(1) 類 型 論

　類型論は，ある理論（基準）に基づいてパーソナリティをいくつかの典型的なタイプに類別してとらえようとする立場です。何を基準に類別化するのかは研究者によって異なっており，体型を基準にするもの（クレッチマー），器官の発達を基準にするもの（シェルドン），外界との関わり方に基づくもの（ユング），価値観に基準を置くもの（シュプランガー），などが有名です。そのなかでもとくに知られているものが，**クレッチマーの類型論**（クレッチマー，1978）です。彼はドイツの精神科医で，身体の内部に原因があると考えられている内因性精神病の患者に接する臨床経験から，タイプ分けのよりどころを身体的・体型的な部分に置き，体型的特徴とパーソナリティの間には関係があることを見出しました。躁うつ病（両極性障害）の患者には「肥満型」，分裂病（統合失調症）の患者には「細長型」，そして，てんかんの患者には「闘士型」の体型の者が多いことから，それぞれのパーソナリティ気質を「躁うつ気質」「分裂気質」「てんかん気質」と命名しました。それぞれの詳しいパーソナリティ特徴は，図 10-3 に示してあります。

(2) 特 性 論

　ある人のパーソナリティを "A さんは親切で社交的だけれど，少し神経質なところがある" と説明することがあります。この "親切" "社交的" "神経質" といった，パーソナリティを細かく分けた一つひとつの要素を**特性**といい，パーソナリティをさまざまな特性の集合体と考える立場が特性論です。特性論では，各パーソナリティ特性を個人がどの程度有しているのかを測定し，統計的な集団基準（ノルム）と比較することで，個人差をとらえようとしています。

　では，人間のパーソナリティ特性は，いったいいくつあるのでしょうか。アイゼンクは「**内向性—外向性**」と「**神経症傾向**」の 2 つのパーソナリティ特性

体　型	気質型	特　徴
肥満型 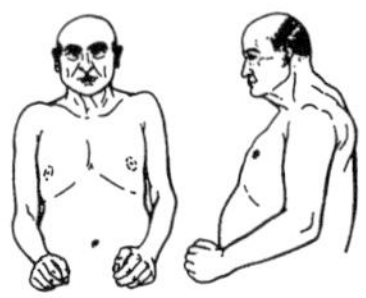	躁うつ気質	・社交的で温厚，善良で親切 ・明朗で活発，ユーモアがある，激しやすい ・寡黙で平静，柔和，気が弱い
細長型 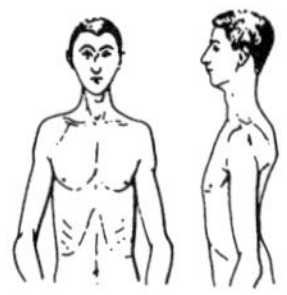	分裂気質	・非社交的で内気，生真面目でユーモアがない ・敏感で神経質，傷つきやすく興奮しやすい，臆病，恥ずかしがり ・従順，お人よしで温和，無関心，鈍感
闘士型 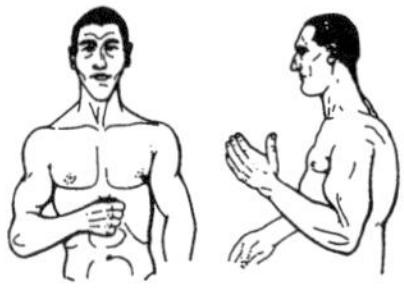	てんかん気質	・粘り強く几帳面で融通がきかない，静かでエネルギッシュ ・生真面目，堅苦しい，まわりくどい ・興奮すると夢中になる，激怒しやすい

図 10-3　クレッチマーの類型論 （クレッチマー，1978 より作成）

を仮定しています。また，キャッテル（Cattel, R. B.）は，**因子分析**という統計手法を用いて，最終的に 12 のパーソナリティ特性を見出しています。そのほかにもさまざまな研究者によって，人間にはいくつのパーソナリティ特性を仮定するのが妥当であるのかが検討されてきましたが，近年では，「**ビッグ・ファイブ**」あるいは「**5 因子モデル**」と呼ばれる，人間のパーソナリティを 5 つの特性（神経症傾向，外向性，経験への開放性，協調性，誠実性）で記述，説明することができるというモデルが注目されています。

(3) 精神分析的理論

　精神分析的理論では，パーソナリティを特性の総和ではなく，心の構造とそれがどのように関係しあっているかで説明しています。たとえば，フロイト（Freud, S.）は，人の心をひとつの心的装置と考え，その構造とはたらきを説明しました。図 10-4 のように，人の心は**エス（イド）**，**自我**，**超自我**という 3 つの装置によって構造化されており，エス，自我，超自我の力動的関係が，その

人らしさ，つまりパーソナリティを決定している
と考えています。

　エスとは，人間がもつもっとも原始的な衝動的
欲求の総称で，生きる源となるエネルギー（**リビ
ドー**）が渦巻き，「〜したい」「〜がほしい」とひ
たすら「快」を求めようする**快楽原則**に従ってい
ます。衝動的欲求にはさまざまなものがあります
が，フロイトがとくに重視したのは，性的な欲求
と攻撃的な欲求です。エスはパーソナリティのも
っとも中核にあるものと位置づけられています。
超自我は「〜してはいけない，〜すべき」という
良心・道徳心・理想をもち，現実を考慮しない自

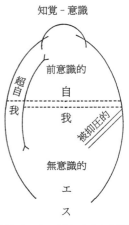

図10-4　フロイトによる心の構造

己中心的なエスの欲望を見張っています。そして，自我はエスの欲望と外の現
実との折りあいをつける調整役となり，超自我の監視を受けながら現実に即し
た満足が得られるよう**現実原則**に基づいて働いています。

　エス，超自我，自我の強さの違いでパーソナリティを表現すると，エスが強
すぎると衝動的，感情的，自己中心的なパーソナリティになり，超自我が強いと
自分や他人に完璧を求める傾向が強くなりがちになります。そして，自我が強
い人は，合理的，現実主義的なパーソナリティ傾向が強いということになります。

 第3節　パーソナリティを理解する

　では，次にパーソナリティを理解する方法を紹介していきます。パーソナリ
ティを理解する方法には，大きく分けて**行動観察法**，**面接法**，**心理検査法**があ
ります。

1.　行動観察法

　行動観察法は，自然な状況や実験的な状況のもとで，対象となる被観察者の
行動を観察し，パーソナリティをとらえる方法です。行動観察法は，日常生活

上の自然な行動を対象にできます。また，後で述べる面接法や心理検査法と異なり，行動そのものを対象とするため，言語的理解力や言語的表出力の十分でない乳幼児や障害児も対象にできるといった長所があげられます。一方，行動観察法は，観察の視点やその解釈が主観的になりやすいといった問題があります。客観的で信頼のおける観察を行うには，さまざまな配慮や訓練が必要になります。

　また，行動観察法は自然の行動を対象とすることから，観察対象となる行動が生起するのを待たねばならないという難点が伴うため，観察すべき現象の生起が際立つような工夫が要求される場合もあります。こうした，ある特定の行動が生起しやすい状況をあらかじめ設定して観察する方法を**実験的観察法**と呼びます。他方，状況に対してなんら操作を加えず，自然に生起する行動をありのままに把握しようとする方法は**自然観察法**と呼ばれます。その他にも，観察者自身が現象に入り込んで観察する**参加観察法**があります。参加観察は観察対象に対して観察者がその存在を示しながら観察を行う方法で，教師がクラスで授業をしながら，子どもを観察するのがこれにあたります。

2. 面　接　法

　面接法とは，一定の場所において，面接者と被面接者が直接対面し，言語的・非言語的コミュニケーションを用いて，被面接者のパーソナリティをとらえる方法です。面接法は，一定の質問項目をあらかじめ用意して行う**構造化面接法**と，状況に応じて内容を変化させ自由に進める**非構造化面接法**に分かれます。構造化面接法は，誰が面接してもほぼ同様の結果が得られ，主観が入りにくい面接法で，結果の客観性が高いといえます。いずれの方法にしても，面接者と被面接者の信頼関係（**ラポール**といいます）が重要になってくることはいうまでもありません。

3. 心理検査法

　心理検査法には，大きく分けて**質問紙法**，**作業検査法**，**投影法**の3つの方法があります。いずれの検査法にも長所と短所があり，パーソナリティを測定する際には，それぞれの検査法の特徴と限界を認識し，目的に合わせて用いるこ

とが必要です。

（1）質 問 紙 法

　質問紙法とは，複数の質問項目が印刷された質問紙に，被検査者がみずから答えるというものです。質問紙法によるパーソナリティ検査は，特性論に基づくものが多く，被検査者の回答を統計的な集団基準（ノルム）と比較して，被検査者のパーソナリティをとらえようとしています。質問紙法は，大人数に対して同時に短時間で実施できる，採点が客観的で容易であるといった長所があります。一方，被検査者の防衛が働きやすく，質問内容に対して望ましい答えを書くなど，意図的に虚偽の答えを書くことができるといった限界や，文章理解力が低い年少者には実施することが難しいといった限界があります。

　質問紙法の代表的なパーソナリティ検査としては，Y-G（矢田部－ギルフォード）性格検査があります（図10-5参照）。この検査では，「抑うつ性」「神経質」といった12のパーソナリティ特性のそれぞれに対して，10項目ずつの質問項目が用意されており，各質問に対して「はい」「いいえ」「どちらでもない」のいずれかで回答させます。12のパーソナリティ特性について，被検査者が一般的な人（集団基準）と比べて相対的にその傾向が強いのか，あるいは弱いのかを把握することができます。

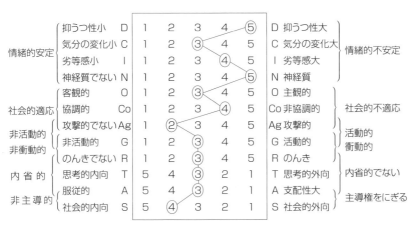

図10-5　Y-G性格検査プロフィールの例

(2) 作業検査法

　作業検査法は，被検査者に一定の作業を行わせ，その作業の過程や結果から
パーソナリティをとらえようとする方法です。検査意図が被検査者にはわかり
にくいため，質問紙法に比べると意識的な結果の歪曲は少なく，また，言語的
な能力が低くてもできるといった長所があげられます。一方，実施に時間がか
かる，パーソナリティを多面的にとらえられないという難点があります。

　作業検査法の代表的なものには，**内田・クレペリン精神作業検査**があります。
この検査では，隣りあう1桁の数字を加算させ，答えの下1桁を下に記入させ
ます（図10-6参照）。1分ずつ行を変え15分間行った後5分間休憩し，また15
分間（あるいは10分間）加算作業を行います。解釈の方法にはさまざまあります
が，作業量と一般的な人が示す定型曲線とのずれから，被検査者のパーソナリ
ティをとらえることが多いです。たとえば，一般的な人においては初頭努力が
みられ，前期，後期の1行目の作業量が高くなるのが定型です（図10-6参照）が，

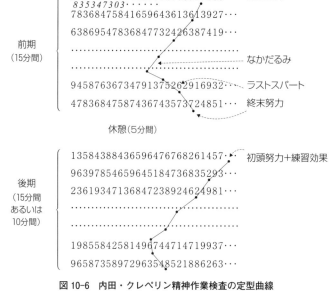

図 10-6　内田・クレペリン精神作業検査の定型曲線

　第Ⅲ部　学級集団，自己とパーソナリティ，適応

前期，後期初頭の作業量の少なさが目立つ場合には，「とりかかりの悪さ」の傾向があるということになります。

（3）投 影 法

投影法とは，あいまいで多義的な刺激（図形，絵，文章）を被検査者に提示し，それに対する反応からパーソナリティをとらえようとする方法です。投影法では，被検査者が意識していない欲求や心の構えなどが回答に投影されているとの前提に立っています。解釈には検査者の主観の入る余地が多くなり，また，実施，診断に多くの時間がかかるといった問題がありますが，検

図10-7　P-Fスタディの場面（青年：場面16）の例
（ローゼンツァイク，1987）

査者の熟練と洞察力によって，被検査者の深層心理を含む多角的な評価が可能となります。

投影法の代表的なパーソナリティ検査としては，**ロールシャッハ・テスト**や**P-Fスタディ**（絵画欲求不満検査）があります。ロールシャッハ・テストは，左右対称のインクのしみ10枚が何に見えるのかを被検査者に回答させることによって，パーソナリティをとらえようとするものです。P-Fスタディは，24種類の日常誰もが経験する欲求不満場面によって構成されており，左側の話しかけている人物が右側の人物になんらかの不満を起こさせているといった場面となっています。被検査者は，右側の人物がどう答えると思うのかを吹き出しに書き（図10-7参照），その反応の特徴から各人のパーソナリティの独自性を明らかにします。

　第4節　実践に向かって──自分（相手）らしさを知るために　

自分のことを知りたいというのは誰もがもつ人間の基本的な欲求ですが，本

当の自分を知るというのは意外に難しいものです。それはなぜでしょうか。ここではそのことについて考え、自分のことを正しく理解するためにはどうすればよいのかを考えていきます。

　さて、心理学に**ジョハリの窓**という考え方（モデル）があります。これは、円滑なコミュニケーションを進めるために考案されたコミュニケーション分析のモデルですが（当時は「対人関係における気づきのグラフモデル」と呼ばれていました）、アメリカの心理学者ジョセフ（Joseph, L.）とハリー（Harry, I.）の 2 人によって考案されたため、2 人の名前を組み合わせて、「ジョハリの窓」と呼ばれています。図 10-8 に示されているように、自己には、自分も相手も知っている「公開された自己（open self）」、自分は気づいているが表には出していない「隠された自己（hidden self）」、自分は気がついていないものの、他人からは知られている「盲点の自己（blind self）」、そして、自分も他人も知らない「未知の自己（unknown self）」の 4 つの領域があります。つまり、自分（あるいは相手）のことをよく知るためには、1 つの側面からのアプローチのみによって理解するのでは不十分で、さまざまな側面からの多面的なアプローチが必要になってくることがわかります。そこで、第 3 節で紹介した心理検査法のいずれか 1 つを用いて自分（あるいは相手）を理解するのではなく、自分らしさ（あるいは相手らしさ）のより多面的な情報を得るために、いくつかの心理検査を組み合わせて実施する**テスト・バッテリー**が用いられることがあります。

　たとえば、183 ページで紹介した、Y-G 性格検査のプロフィールの例（図 10-5）では、「抑うつ性（D）」や「神経質（N）」、社会的不適応の指標である「非協調性（Co）」は相対的にその傾向が強く、「攻撃的（Ag）」や「社会的外向（S）」の傾向は相対的に弱いことがわかります。しかし、Y-G 性格検査といった質問紙法によるアプローチでは、ジョハリの窓でいうところの自分が知っている領域の自己（「公開された自己」と「隠された自己」）しかとらえられないことになります。もち

		自分自身で	
		わかっている	わかっていない
ほかの人に	知られている	公開された自己	盲点の自己
	知られていない	隠された自己	未知の自己

図 10-8　ジョハリの窓

　第Ⅲ部　学級集団、自己とパーソナリティ、適応

ろん，その人が自分自身のことをどうとらえているのかを知ることは重要なことではありますが，部分的なパーソナリティの理解しかできません。そこで，自分では気がついてない無意識の欲求や葛藤が反応に現れると考えられている投影法の1つであるP-Fスタディを同じ人物に実施したところ，一見すると，社会的な適応性があるようにみえたのですが，詳しい内容を検討すると，この人物は自責，自己非難が強く，非常に抑圧的で自己主張や攻撃的表出ができにくい状態でした。他人に迷惑をかけないという形では適応しているといえなくもありませんが（こうした場合，「外的適応は高い」という表現が使われます），自分をどれだけ表現して周囲と生き生きとした関係が結べているかという点からすると，必ずしも適応的であるとはいい難いものです（こうした場合，「内的適応は低い」という表現が使われます〈内的・外的適応については，第11章もご覧ください〉）。それらの不全感を埋めるために，この人物のもつ神経質さ（Y-G性格検査の結果より，神経質の高さがうかがえました）が当面の葛藤を処理しているものと考えられます。こうした心理構造は，質問紙法のアプローチだけでは理解できないことです。しかし，P-Fスタディならびにに Y-G性格検査の結果からでは，パーソナリティ理解の手がかりが得られただけであり，何がこのような心理構造を作ったのかの理解を深めるためには，さらにほかの投影法（たとえば，ロールシャッハ・テスト）や面接法などを用いて調べなければなりません。

　このように，自分（あるいは相手）のことをよく知るためには，いくつかのパーソナリティ検査を一緒に施行することで，複数の心理検査の情報から総合的かつ多面的なとらえ方をするのが望ましいといわれています。しかし，被検査者の負担にならないように，最小限の検査で多次元重層的な情報を得られるように工夫することも重要です。そのためには，どの検査を組み合わせて使用するのか，個々の被検査者をより良く理解できるような最適な組み合わせを考える必要があります。

　昨今，個性を尊重する教育のあり方が問われています。子どものパーソナリティを正しく理解し，その生徒のパーソナリティにあった指導を行うとともに，子どもたち自身が自分（相手）らしさに目を向け，自分自身の個性や他者の個性を大事にしていけるような援助が教育現場では必要になってきます。　**（外山　美樹）**

演 習 問 題

(1) 自己概念の具体的な内容を知る方法の１つに「20答法」と呼ばれる方法があります。これは，「私は誰でしょう？（Who am I?）」という質問に対して20通りの答えを自由に記述させていくものです。それでは，"私は誰でしょう？"という質問に対して，あなたの20通りの答えを自由に書いてみよう。また，それを友だちと見せ合い，自分と友だちの回答を見比べてみよう。

(2) 先に試みた20答法の回答をもう１度確認してみよう。それらの回答（自己概念の内容）がさまざまな領域に分散しているか，それとも特定の領域のものばかりがくり返し出てくるかを再チェックしてみよう。たとえば，「勉強ができる」「学業成績が高い」「勉強が好きである」「将来，学者になりたい」といった内容のように，特定の領域（ここでは「知的」な領域）だけでとらえる傾向が高いのか，「友だちが多い」「スポーツが得意」「読書が好き」「楽観的である」といった内容のように，多面的（ここでは「対人関係」「運動（スポーツ）」「趣味」「性格」といった領域）にとらえる傾向が高いのかみてみよう。

【引用文献】

榎本博明（1998）.「自己」の心理学―自分探しへの誘い　サイエンス社

Harter, S. (1982). The perceived competence scale for children. *Child Development*, **53**, 87-97.

James, W. (1892). *Psychology: Briefer course.* New York: Henry Holt.（ジェームズ，W. 今田寛（訳）（1992-1993）. 心理学　上・下　岩波書店）

Keller, A., & Ford, L. H. (1978). Dimensions of self-concept in preschool children. *Developmental Psychology*, **14**, 483-490.

Kretschmer, E. (1921). *Körperbau and Charakter.* Springer, Berlon.（クレッチマー，E. 相場均（訳）（1978）. 体格と性格―体質の問題および気質の学説によせる研究　訂正版　文光堂）

Lewis, M., & Brooks-Gunn, J. (1979). *Social cognition and the acquisition of self.* New York: Plenum.

Pervin, L. A., & John, O. P. (1997). *Personality: Theory and research* (7th ed.). New York: Wiley.

ローゼンツァイク，S.原著，林勝造ほか編（1987）. P-Fスタディ解説――基本手引　三京房

桜井茂男（1983）. 認知されたコンピテンス測定尺度（日本語版）の作成　教育心理学研究，**31**, 60-64.

Shavelson, R. J., Hubner, J. J., & Stanton, G. C. (1976). Self-concept: Validation of construct interpretations. *Review of Educational Research*, **46**, 407-441.

植村美民（1979）. 乳幼児期におけるエゴ（ego）の発達について　心理学評論，**22**, 28-44.

11 学校不適応

子どもの不適応をどう理解し，対応すればよい？

　子どもが他児と協調しながら一定のきまりのなかで生活するという社会性を身につけ，学校という社会になじんでいくことは，学校生活を円滑に過ごすために大切なことです。しかしみなさんもはじめからなんの問題もなく学校社会になじめたわけではないでしょう。いろいろな場面で，多少なりともつまずきながら，学校でうまく生活していく方法を身につけていったのだと思います。

　本章では，そのように学校生活になじんでいくこと，そして，つまずいてひとりではうまく立ち上がれない状況に陥ることについて，「適応」という観点からみていきたいと思います。また，そうした子どものつまずきからの回復をどう援助していくかについて，基本的な考え方を紹介していきます。

 ## 第1節　「適応」って何だろう？

1. 適応とは

　人は，自分を取り巻く環境や周囲の人々と無関係に生きていくことはできません。人が自分の属している環境や社会，集団とうまく調和し，円滑な関係を保っている状態を**適応**といいます。反対に，所属する生活環境と調和できず，円滑な関係を保てなくなった状態を**不適応**と呼びます。人はいくつもの生活環境や集団のなかで生活していますから，たとえば家庭では適応しているけれども学校では不適応である場合や，部活動には適応しているけれども学級には不適応であるなどという場合も考えられます。

　適応するということは，単に環境や集団に慣れることとは異なります。たとえば部屋のなかが寒い時には我慢して寒さに慣れるという方法がありますが，人は暑さや寒さを我慢することなく，快適な温度のなかで生活したいという欲求ももっています。そうした欲求を満たすために，暖房器具を用いて部屋の温

度を上げることで自分が快適と感じる過ごしやすい環境のなかで生活することもできます。このように個人の方から自分を取り巻く生活環境や集団に働きかけて，みずからの欲求（要求）に合うように変化させることも適応に含まれます。

　このように，適応は環境や集団などの外的な基準に個人が合わせるということと，個人の内的な基準を充足させるということの調和から成り立っている状態です。この外的な基準に個人が合わせることを**外的適応**と呼び，個人の内的な基準に合わせることを**内的適応**といいます。適応，不適応について考える際には，この外的適応と内的適応の両側面から考える必要があります。

2.「社会的適応」と「個人的適応」

　外的適応と内的適応の観点から，所属する集団のなかでの適応について考えるとどうなるでしょうか。学校のような社会的集団にはなんらかのルールや規範が存在します。そうした社会的集団の基準に合わせて，まわりの人とうまくやっていくことが外的適応に該当し，**社会的適応**ともいいます。一方，集団ではなく個人の内的な欲求に合わせることが内的適応であり，**個人的適応**ともいいます。

　たとえばある児童が学級のなかで，遊具を使う順番を守らない，友だちの物を横取りするなど自分の好きなようにふるまった場合，本人の欲求は満たされますが，友だちから敬遠されたり教師から問題行動と見なされたりするでしょう。この場合，内的（個人的）適応はなされているわけですが，外的（社会的）には不適応な状態といえます。反対に自分が遊びたいのを我慢して友だちに遊具を譲ったり，廊下を思い切り走りたいところを先生の言いつけを守ってゆっくり歩いたりするような児童の場合は，友だちや学校に合わせて社会的適応をしているということになります。しかし，あまりこうした周囲への協調が行きすぎると，自分自身の欲求が満たされず内的不適応状態となってしまいます。このように自分自身の欲求を押し殺してまで周囲に合わせているような状態を**過剰適応**と呼びます。社会的集団のなかでは，社会的適応，個人的適応のいずれかだけではなく，集団からの要請と個人の欲求のバランスのとれた適応が必要となります。

3. 学校における適応

外的適応のなかでも，子どもが「学校」という社会的環境に適応することを**学校適応**と呼びます。学校適応には，大きく「学校システムへの適応」「学習活動への適応」「人間関係への適応」の3側面があります。

学校システムへの適応とは，授業時間や休み時間といった決められた時間に合わせて活動するなどの学校のさまざまなルール・規則を守って学校生活を送ることや，学級活動や委員会活動といった役割を果たすことなどが含まれます。ほかの社会的集団とは異なる「学校」という文化への適応といってもいいかもしれません。学習活動への適応は，学校生活のなかでもっとも重要な機能ともいえる教育活動への適応です。決められたカリキュラムに沿った教科学習で身につけるべき知識や技能を習得することや，そうした学習活動に対して主体的・積極的に取り組むことなどが含まれるでしょう。人間関係への適応では，学校や学級などの集団でうまくやっていくこと，クラスメイトと協調して学級活動などに取り組むことや，教師との関係をうまくやれることが含まれます。

こうした学校への適応が子どもを社会に参加していくひとりの人間として大きく成長させる要因になるわけですが，一方で円滑に適応できないと，第3節，第4節でみていくようなさまざまな問題が生じるおそれも出てくることになります。

第2節　不適応のメカニズム——ストレスって何だろう？

ストレスは人間の適応・不適応と深く関わっています。私たちは日常的にも「ストレス」ということばを使っていますが，実際にはどのようなものなのでしょうか？　本節では，ストレスについての心理学的な考え方についてみていきます。

1. ストレスとは

ストレス（stress）は，もともとは物理学や工学の用語で，たとえばゴム製のボールを指で押すと，そこがへこみ形がゆがむように，ある物が外部からの力

でゆがんだ状態を指します。一方で，ボールは反発する力をもっており，押す力を緩めるともとの形に戻ります。つまり歪んで見える状態は，単に外部から力を加えられているだけではなく，内側からそれを押し返す力も働いているということになります。生理学者のセリエ（Selye, H.）は，この用語を人間を含む生体の反応に転用しました。人間も，たとえば気温が変化して急に寒くなり体が冷えた時には，体温を維持しようと皮膚の血管収縮や体の震えによる熱生産によって体温を維持・回復し，寒さに適応しようとします。このように，外部からの刺激によって心身にゆがみが生じた状態から回復しようと心身の諸機能が活性化した状態を**ストレス状態**と呼んでいます。

　しかし反発する力よりも強い力をボールに加え続けると元の形に戻りにくくなるように，生体も厳しい環境下に置かれ続けストレス状態が続くと心身に変調をきたしてしまいます。セリエは，動物にさまざまな種類の有害刺激を与える実験を行った結果，有害刺激の種類に関係なく共通の症状が生じることを見出しました。その共通の症状を，彼は生体が有害刺激に対処し，正常な状態を保ち適応しようとした結果生じた症状だと考え，**汎適応症候群**と呼びました。

　また，この生体に影響を与える外部刺激を**ストレッサー**と呼んでいます。ストレッサーにはさまざまな種類があります。気温変化や騒音といった物理的ストレッサーや，睡眠不足や栄養不足といった生理的ストレッサー，人間関係や生活環境の変化，自分の感情（不安，恐怖など）といった心理・社会的ストレッサーなどが含まれます。心理・社会的ストレッサーには，日常生活でのさまざまな出来事が含まれます。災害や事故，学業上の失敗など，心理的負担となる出来事がストレッサーと考えられやすいですが，新しい環境に適応していくこと自体がストレスを生み出すため，進学やクラス替え，新しい人と知りあうなど，一見楽しそうな出来事もストレッサーとなりえます。

2. 心理学的ストレスモデル

　生体にとって，あらゆる外部刺激がストレッサーとなることをみてきましたが，現代生活において，日常的にもっともストレス状態を生じさせているのは，人間関係や日常生活の出来事などから受ける心理・社会的ストレッサーといえ

るでしょう。

ラザルス（Lazarus, R. S.）はこうした心理・社会的ストレスが環境と個人の相互作用から生じるとの考え方から，**心理学的ストレスモデル**を提唱しています（図11-1）。心理学的ストレスモデルでは，心理的ストレッサー自体が直接的にストレスによる反応を引き起こすのではなく，そのストレッサーに対する個人の受け止め方（評価）によって，心理的スト

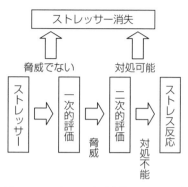

図 11-1　ラザルスの心理学的ストレスモデルの概要

レスとなるかどうかが変わると考えています。たとえば，学力テストを受けるという心理的ストレッサーは，ある子どもにとってはテストの成績が心配で心理的ストレスとなるでしょうし，別の子どもは自分の学力を確かめる良い機会と考えて，心理的ストレスにはならないというような場合があげられます。

また，そうしたストレッサーに対する評価は二段階になっていて，「そのストレッサーは自分にとって脅威か」という**一次的評価**と，「そのストレッサーに自分は対処できるか」という**二次的評価**が行われてストレス反応が生じるかどうかが決まると考えられています。先ほどの学力テストの例では，良い成績がとれるかを心配して，学力テストを心理的ストレッサーと感じる（一次的評価）子どもも，どのようなテスト勉強をすれば点がとれるかがわかる（二次的評価）と心理的ストレスとなることは少ないと予想されます。このモデルによると，ストレッサーを脅威と感じても，それを自分でなんとかコントロールできると感じられることが心理的ストレスを軽減する上では大切だということになります。

<h2>第3節　学校における不適応</h2>

学校生活は子どもの日常生活の大きな部分を占めます。したがって子どものストレスには学校環境がストレッサーとなって大きく影響してきます。本節で

は，そうした学校環境に対する適応とストレスの関係について考えていきます。

1. 学校ストレッサーとストレス

　三浦・川岡（2008）は，高校生の学校におけるストレッサー（以下，**学校ストレッサー**）について調べています。その調査によると，高校生が学校ストレッサーとして認知しているものは図 11-2 のように大別されます。どの程度学校ストレッサーと感じるかは，学校ストレッサーの種類によっても異なりますし，子どもの学年や性別などによっても異なってくると考えられます。

　また，これらの学校ストレッサーの認知がストレス反応にも影響を与えます。先の三浦・川岡（2008）の研究では，上記の学校ストレッサーと無気力反応，不機嫌・怒り，抑うつ・不安といった3つのストレスによる反応との関連についても検討しており，ほぼすべての学校ストレッサーとストレス反応のあいだに関連があることが示されています。とくに学業や友人との関係といった学校ストレッサーは，ストレス反応との関連が大きいようです。

　学校ストレッサーは，ストレス反応を引き起こすだけではなく，さらに問題行動として表面に現れる場合もあります。岡田（2002）は友人関係と学業の学校ストレッサーの認知から学校での問題行動に至るプロセスについて検討して

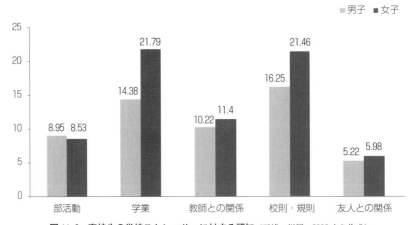

図 11-2　高校生の学校ストレッサーに対する認知（三浦・川岡，2008 より作成）

います。それによると，学校ストレッサーの認知は，怒り，悲哀，不安といった情緒的ストレス反応（一次的反応）を引き起こし，情緒的ストレス反応がその他のストレス反応（二次的反応）を引き起こしていることが示されています（図11-3）。つまり，学校ストレッサーの認知が直接的に問題行動を引き起こしているわけではなく，情緒的ストレス反応が溜まった状態が攻撃や引きこもりといったストレス反応として表面化し，問題行動へと発展する可能性を高めるのです。

　別の言い方をすると，学校ストレッサーの認知によって引き起こされた情緒的ストレスが攻撃や引きこもりに影響を及ぼすという図式からは，攻撃や引きこもりといった行動をすることによって，情緒的ストレス状態という当人にとって不快な状態に対処しようとしていると考えることもできます。次節でみていく抑うつや不登校，非行といった周囲からは不適応的で望ましくないと思われる行動も，こうした視点からは学校ストレッサーに対処しようとした結果としての行動と考えることができます。

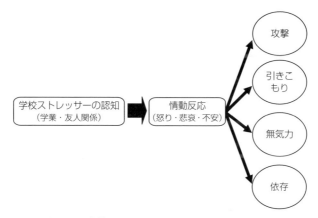

図 11-3　学校ストレッサーが二次的反応に及ぼす影響
(岡田，2002 より作成)

2.　学校移行期の不適応（小1プロブレムと中1ギャップ）

　学校適応の問題は，とくに入学・進学という新しい環境に移行する際に表れやすくなります。小学校，中学校に入学した際に生じる適応の問題は，近年，

「小1プロブレム」「中1ギャップ」などと呼ばれたりもしています。

　小学校に入学したばかりの児童に，教師の話や指示を落ち着いて聞くことができない，教室を歩き回る，集団行動がとれないなどの状態が続き，授業が成り立たない状況のことを小1プロブレムと呼んでいます。東京都教育委員会(2009)は，そうした公立小学校が都内全体の24％と報告しています。幼稚園・保育園では遊びが中心なのに対して，小学校では学習活動が中心になり，さらに学校の規則に合わせて活動することが求められます。そうした環境の大きな変化が小1プロブレムの要因のひとつですが，近年は，子どもが家庭で身につけるべき基本的な生活習慣が身についていないことや，感情のコントロールの未熟さなど，家庭や子ども自身の要因なども小学校への適応に影響することが指摘されています。

　一方，中1ギャップは中学校に進学する過程で生じる学校への不適応です。中1ギャップの問題はとくに不登校として顕著に表れており，小学校6年生から中学校1年生にかけて，不登校生徒数は大幅に増加します（第4節図11-6参照）。

　中学校に入学する際，多くの子どもは部活動や新しい友だちとの出会いなどに期待を膨らませるわけですが，一方で，勉強についていけるか，友だちができるかといった新しい環境への不安ももちあわせて進学します。たとえば学習

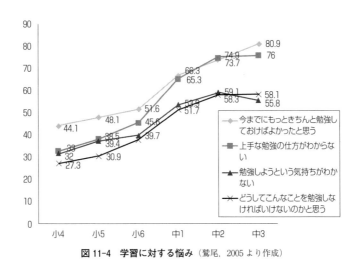

図11-4　学習に対する悩み（鷲尾，2005より作成）

　第Ⅲ部　学級集団，自己とパーソナリティ，適応

面では，小学校とは異なり教科担任制となって，内容も専門的になります。各教科の教師の教え方も異なってくるため，その違いに慣れることも必要になってきます。こうしたことから中学校に進学してから勉強について難しさを感じる生徒も大きく増加します（図11-4）。また，教師や友人とのつきあい方などの対人関係についても，発達段階として思春期という敏感な時期にさしかかるため小学校の頃に比べて難しくなってきます。そうした子どもの発達的側面もストレスに大きく影響していると考えられます。

3. 学校における過剰適応

　学校不適応は，必要以上に学校環境に合わせてしまうことから生じる場合もあります。学校段階で子どもが過剰適応と呼ばれる場合，多くは教師や親からみて，いわゆる「良い子」として認知されている子どもを指しています。このようなタイプの児童生徒は，教師や親の言うことには逆らわず，自分の気持ちを抑え，できるかぎり期待に応えようと努力するようなタイプで，非常に外的（社会的）適応がよいということになります。しかし自覚的・無自覚的に自分の欲求や感情を抑え込んでしまうため，内的（個人的）適応の側面からみると必ずしも適応しているとはかぎりません。過剰適応傾向の子どもたちは，自分からうまくいっていない状態について訴えることがないため，腹痛や頭痛といった身体症状や不登校などの形で表れることで，周囲もはじめて子どもの苦悩に気づくことが多いようです。

　このように，教師や親からみて適応しているように思えても，児童生徒本人からすると適応していないと感じている場合もあり，評価や判断をする人や置かれた立場によって適応か不適応かは変わります。そのため，子どもの学校不適応について考える際は，それが誰からみての，あるいは誰にとっての「適応」であり「不適応」なのかという視点から考えることも重要です。

第 4 節　学校不適応はどんな形で表れるのだろう？

　本節では，学校不適応の結果として表れる諸問題行動の実態についてみてい

きます。学校における問題行動は**非社会的行動**と**反社会的行動**に大別することができます。非社会的行動とは，社会集団とのつながりを避けるような逃避的・防衛的行動の総称で，反社会的行動は社会集団とのつながりを壊すようなルールや秩序に反した行動の総称です。非社会的行動には，抑うつや心身症といった心身の問題や不登校，引きこもりなどが含まれ，反社会的行動には暴力行為，薬物乱用などの非行や喫煙・飲酒といった不良行為などが含まれます。

　本節では，精神的な面に表れる非社会的行動として抑うつと心身症を，また学校における非社会的行動としてもっとも多くみられる不登校を取り上げます。反社会的行動では，その代表的なものとして非行について考えていきます。

1. 非社会的行動
（1）抑うつと心身症

　抑うつ状態は単に落ち込んでいるだけの状態ではなく，表 11-1 のようなさまざまな症状が集まった状態を指します。近年は子どもも抑うつ状態になることが少なくありません。たとえば，傳田（2004）の調査によると，小学生の 7.8％，中学生の 22.8％が抑うつ状態と報告されています。

　抑うつには，学校ストレッサーや家族関係などの環境的影響だけではなく，子ども自身の性格的な要因も影響します。たとえば，几帳面，まじめ，責任感が強い，周囲に気を遣うなどの特徴をもつ子どもは，ストレッサーとの相互作用で抑うつになりやすいと考えられています。別の見方をすると，学校ストレッサーを経験しても必ずしも抑うつになるとはかぎりません。たとえば黒田・桜井（2001）によると，友だちとのつきあい方として，「友だちとの関係のなか

表 11-1　抑うつの主症状（傳田，2004 より作成）

身体症状	睡眠障害	途中で目が覚める・早朝目が覚める
	食欲障害	食欲がない・体重減少
	日内変動	朝調子が悪く，夕方から楽になる
	身体のだるさ	身体が重く，疲れやすい
精神症状	興味・関心の喪失	好きなことが楽しめない
	意欲・気力の減退	気力が出ず，何事もおっくう
	知的活動能力の減退	集中できず，頭が働かない

で自分を成長させていきた
い」と考えている生徒は，
「友だちに悪い印象を与え
ないように」と努力する生
徒よりも抑うつになりにく
いと報告されており，児童
生徒自身が友人関係や学業

表 11-2　発達段階ごとの代表的な心身症 (松岡，2010 より作成)

小児期	夜驚症	反復性腹痛
	夜尿	チック
	周期性嘔吐	心因性発熱
	気管支喘息	抜毛症
思春期	起立性調節障害	神経性頻尿
	筋緊張性頭痛	気管支喘息
	過敏性腸症候群	摂食障害

などの学校ストレッサーとなることがらに対して，どのように受け止めている
かでストレス反応も異なってくると考えられています。

　また，ストレス反応は心理面だけではなく身体に現れることもあります。心
理的ストレスがなんらかの症状（表11-2）として身体面に現れた場合を**心身症**
と呼びます。心身症になりやすいタイプとして，先述した過剰適応する人が指
摘されています。たとえば「学校に行きたくない」と感じながらも，親との間
に摩擦を生じさせないように黙って登校を続けていると，腹痛や頭痛といった
身体症状となり，結果として学校にも行けなくなるような場合です。過剰適応
に限らず，児童生徒（とくに低学年児童）はことばで自分の気持ちを表現するこ
とが難しい上に，自己の内面の理解が十分ではないため，不適応状態にあるこ
とを自覚できないことも少なくありません。そのため教師や保護者など，周囲
のおとながこうした子どもの身体的なシグナルに気づくことも大切になってき
ます。

(2) 不　登　校

　不登校は学校段階での不適応としてもっとも表れやすいもののひとつです。
文部科学省では不登校を，同一年度内に 30 日以上欠席した児童生徒のうち，
「何らかの心理的，情緒的，身体的あるいは社会的要因・背景により，登校し
ないあるいはしたくてもできない状況にあること（ただし，病気や経済的理由によ
る者を除く）」と定義しています。以前は「学校恐怖症」「登校拒否」とも呼ば
れていましたが，現在はどんな子どもにも起きうることとして，広く学校に行
かない，行けない状態を指して「不登校」と呼んでいます。この定義に従って
調査されている不登校児童生徒の人数は，近年は図 11-5 に示されているよう

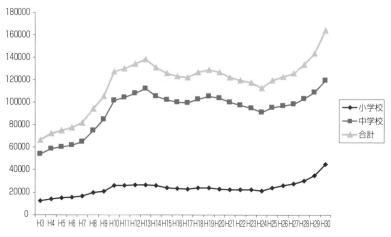

図 11-5　不登校児童生徒数の推移（文部科学省，2019 より作成）

に小・中学生をあわせて 16 万人を超えており，増加傾向にあります。割合にすると，小学校でおおよそ 150 人に 1 人，中学校では約 30 人に 1 人が不登校を経験しているということになります。

　学年別にすると，不登校児童生徒数は中学 1 年生から急激に増加するのが特徴です（図 11-6）。しかし，国立教育政策研究所（2003）の調査によると，小学校 4 年生から 6 年生までの間に不登校に相当する程度の欠席（保健室登校や遅刻早退日数等を含めて年間 30 日以上）を経験している児童を含めると，これらの児童の半数以上が，中学 1 年生で不登校となった生徒に含まれるという結果が報告されています。こうした点から考えると，中学校での不登校への対応ももちろん必要ですが，小学校段階での適応状態が中学校での適応にも大きく影響しており，

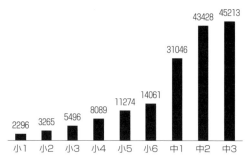

図 11-6　学年別不登校児童生徒数（文部科学省，2019 より作成）

不登校の予防や早期のかかわりには小学校と中学校の間での情報交換や連携が重要になってきます。

　不登校への対応では，長期的な視点をもつことも重要です。子どもの人生は学校を卒業した後もずっと続きます。子ども自身が後からふり返って「あのときの経験が役に立っている」と思える人生にするために今何ができるかを考えると，登校させることだけが支援ではないのかもしれません。

2. 反社会的行動

非　　行

　一般的には「非行」というと，喫煙や飲酒などの「**不良行為**」や生徒が校則を守らないなども含まれていますが，少年法では，「**犯罪少年** (14歳以上の犯罪を犯した少年)」「**触法少年** (14歳未満で刑罰法令にふれる行為をした少年)」「**ぐ犯少年** (一定の不良行為があり，将来的に犯罪少年や触法少年になる可能性のある少年)」を「**非行少年**」と規定しています。

　現代における非行の特徴として，大きく3つあげることができます。1つ目の特徴は，**少年非行事案の減少**です。近年，触法少年および刑法少年の検挙・補導人員は減少傾向にあり，平成30年度は検挙人員，人口比ともに戦後最少となっています。2つ目の特徴として，90年代後半から続く傾向である**初発型非行**の割合の多さがあげられます（図11-7）。初発型非行というのは「万引き」「自転車盗」「占有離脱物横領 (他人の占有を離れた物などを自分の物とすること)」「バイク盗」の総称で，これらの犯罪は比較的容易で，動機も単純なことから，非行の入り口という意味でこう呼ばれています。近年は減少傾向にあるものの，少年非行全体の5〜6割を占めています。3つ目の特徴として，それまで非行歴がなく学校や家庭で問題ないと認識されていた子どもが重大な非行を犯してしまう「**いきなり型**」非行の出現があげられます。

　こうした非行を犯してしまう少年の心理的な特徴のひとつとして，**自尊感情**の低さが指摘されています。「自分などどうなってもよい」と自分を大切な存在として考えられないことから，不良行為や非行といった否定的行動で自分を表現してしまいます。また，そうした自尊感情の低さは，「自分は何者なのか」

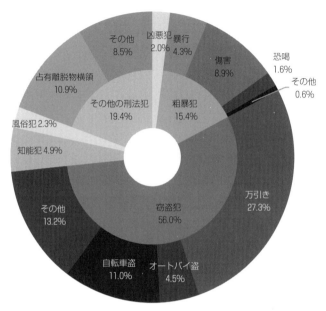

図 11-7 刑法犯少年の罪種別構成比 (警察庁，2019 より作成)

という自己を社会のなかに位置づける問いかけへの答えである**アイデンティティ**のもちづらさとも関連しています。不良行為や非行は自分自身を見出せない，見失ってしまうといった不安を解決する手段のひとつでもあり，そうした否定的行動で周囲から注目されると，今度はそうした周囲の否定的評価に自分を合わせ，**否定的アイデンティティ**を形成していくといった悪循環が生み出されていく場合もあります。そうした悪循環を解消するためには，まず周囲のおとなが否定的評価を脇に置いて，非行によって対処しようとした不安や不満を受け止める姿勢をもつことが大切です。

 ## 第5節 実践に向かって──子どもの不適応へのかかわり方

　前節では代表的な非社会的行動と反社会的行動の実態をみてきましたが，これらの学校不適応や問題行動の要因やきっかけ，あるいはストレッサーが必ず

しも学校にあるとはかぎりません。家庭などの学校外での要因が学校不適応として現れる場合もあります。また，要因やきっかけは1つとはかぎりませんし，周囲の人にも児童生徒本人にもそれが何なのかよくわからない場合というのも少なくありません。したがって，その対応の仕方も一定のマニュアルがあるわけではなく個別の対応が求められます。本節では，教師やカウンセラーなど援助者の立場から，さまざまな事例に対して個別に対応していく上で，その基本となる考え方について紹介したいと思います。

1. 子どもを理解しようと努める

　子どもの問題行動が，子どもと環境の間にある不適応状態に対処し，なんとか適応しようとした結果だと考えると，そのような形で適応せざるをえない子どもの気持ちや状況について理解をしていくことが，子どもを援助する第一歩といえます。

　子どもの理解は，**客観的理解**と**共感的理解**という2つの観点から行われます。客観的理解とは，児童生徒が今現在，どんな状況にあるのかということについての事実を把握し，検査などから得られる客観的情報を収集・分析することです。その子どもの学力や運動能力，性格特徴，興味・関心など，個人に内在する特徴だけではなく，家族・交友関係，経済状況，生育歴等，さまざまな角度から把握し，一面的な理解にならないように注意することが大切です。また，同じ子どもを見ていても教師によって見方が違っていることもありますし，たとえば担任教師には話さない悩みも養護教諭には話せるというように，子どもも相手によって見せる面が違っていることもありますから，教職員間で情報・意見交換をするということも大切です。

　もうひとつの理解である共感的理解とは，「相手の気持ちを，あたかも自分自身のものであるかのように感じ，体験すること」を指します。それは客観的理解とは異なり，子どもを評価や判断することなく，子どもの話を聴き，子どもが感じていることをそのまま認めるという姿勢です。また，ここで大切なのは教師の子どもを理解しようとする姿勢が子どもにも伝わることです。教師が一方的に「こういう気持ちだろう」と理解しても共感的理解としては不十分で

す。子どもが「自分の気持ちや考えを先生にわかってもらえた」あるいは「先生が自分を理解しようとしてくれている」と感じられることが必要です。そう感じられることによって子どもは安心感を得て，自分の問題を解決することにチャレンジできるようになります。

　大事なのは，客観的理解においても共感的理解においても，教師が自分自身の価値観や信念を子どもに押しつけ，思い込みで理解しないということです。カウンセリングでは「**聴く**」ということを大切にしますが，児童生徒の声を素直な気持ちで正確に聴くという姿勢をもつことが教師と児童生徒の信頼関係を築く上でも大切です。

2. 子どもを肯定的にとらえる

　これまでみてきたように学校でのさまざまな不適応は，どのような原因から生じた問題かを特定できない場合や原因がわかっても解決に結びつかない場合が多々あります。私たちは，原因がわからなかったり，なかなか解決しない問題だったりすると「学校に来られないのは本人の怠け癖のせいだ」「すぐ友だちに暴力を振るうのは家庭での育て方が問題」というように，原因を子ども本人やその周囲の人に求める傾向があります。こうした原因探しは，ともすれば子ども本人やその家族を否定的にとらえて責めてしまうことになり，子どもや家族の自信を失わせ，さらに問題を悪化させることも少なくありません。

　学校不適応に陥っている子どもの多くは，自分に対して自信を失っていて，自己否定的になっています。学校不適応から回復するためには，子どもや家族の自信をさらに失わせることではなく，元気づけることが必要です。

　児童生徒を元気づけ，自信をもたせる方法のひとつは子どもを「ほめる」ことです。ほめるところは子どもの特別な才能や能力である必要はありません。教師からすると「できて当たり前」と思えるような行動も子どもにとっては努力の成果である場合もあるので，教師の価値観に縛られてほめるポイントを見逃さないことが大切です。また，たとえば「みんなと一緒に行動できない」といった一見マイナスな特徴も，見方を変えれば「自分のペースで行動できる」というプラスの特徴に変えることができ，ほめるポイントになります。このよ

うにして，子どものもつ多くの肯定的な側面に気づくことで解決に向けての可能性が広がり，周囲の人は子どもをなんらかの問題をもつ子どもとしてではなく，たくさんの強みをもった子どもとして肯定的にみることができます。そして何より，子ども本人が自分自身を肯定的にみることができ，自分に自信がもてるようになっていきます。

3．児童生徒の期待や目標を大切にする

　マイナスな特徴と思っていたことも見方によればプラスの特徴にもみえるというように，物事には必ず良い面と良くない面の両面があります。学校不適応と思われるような状態も実は良くない面ばかりではないかもしれません。第2節で見てきたように，ストレスというのは新しい環境に適応しようとした結果生じるものですから，これまでとは違った新しい適応を身につけ，成長しようとしている最中だと考えられます。たとえばこれまで過剰適応だった良い子が，反抗的になったり不登校になったりするのは，自分を抑えて適応するというこれまでの方法だけではなく新しい適応の仕方を模索しているところだと考えることもできるでしょう。そのように考えると，教師や親などまわりのおとながあれこれ手を差しのべるよりも，子どもが自分なりに新しい適応方法を身につけ，ひと回り成長することを見守るような援助が必要なのではないでしょうか。もちろん，「見守る」というのは放っておくこととは異なります。子ども自身が，自分がどうなればいいと思っているか（期待），あるいはどうなりたいと思っているか（目標）を大切にしたかかわりをするということです。「自分がどうなっていればいい？」ということを子どもに問いかけ，子ども自身が自分の期待や目標を具体的にイメージし，進む方向がわかることで，現在の自分がやれることを見つけ出していくことができるよう援助します。

　このような子どもの期待や目標を大切にするかかわりの根底には，子どもは自分で問題を解決する力をもっているという考えがあります。このように，子どものもつ力を尊重し信頼してかかわることが，子どもの不適応への対応を行う上でもっとも大切なことだと考えます。

（清水　貴裕）

【引用文献】

傳田健三（2004）．子どものうつ　心の叫び　講談社

警察庁（2019）．平成30年度中における少年の補導及び保護の概況　警察庁生活安全局少年課

国立教育政策研究所（2003）．中１不登校生徒調査（中間報告）——不登校の未然防止に取り組むた
　　めに——　国立教育政策研究所生徒指導研究センター

黒田祐二・桜井茂男（2001）．中学生の友人関係場面における目標志向性と抑うつとの関係　教育
　　心理学研究　**49**（2），129-136.

松岡洋一・松岡素子（2010）．心が身体に影響する　佐々木雄二・笠井仁（編著）　図で理解する生
　　徒指導・教育相談　福村出版　pp.103.

三浦正江・川岡史（2008）．高校生用ストレッサー尺度（SSS）の作成　カウンセリング研究，**41**，
　　73-83.

文部科学省（2019）．平成30年度「児童生徒の問題行動等生徒指導上の諸問題に関する調査」につ
　　いて　文部科学省初等中等教育局児童生徒課

岡田佳子（2002）．中学生の心理的ストレス・プロセスに関する研究——二次的反応の生起につい
　　ての検討——　教育心理学研究，**50**，193-203.

東京都教育委員会（2009）．東京都立小・中学校における第１学年の児童・生徒の学校生活への適
　　応状況にかかわる実態調査について　教育庁報 No.588　東京都教育庁総務部教育情報課

鷲尾奈都（2005）．学習の取り組み方　第１回子ども生活実態基本調査報告書　Benesse教育研究
　　開発センター　p.97.

解　答

■ 第1章 ■ ■

（1）（例）「他の文字にも興味をもって読めるようになる」ことを目標にして，まずは，「道の看板や絵本のなかで，名前の文字を含んだ単語があったら，それに注意を向けさせて一緒に読んでみる」。

（2）（例）「リズムに合わせてテンポよく跳べるようになる」ことを目標にして，「片手に持った縄を，かけ声に合わせて回す練習」および「かけ声に合わせてその場でジャンプする練習をさせる」。

（3）（例）「自分の持ち物について自分で確認する習慣をつける」ことを目標にして，まずは「母親と一緒に持ち物リストを見ながら，当日の朝，持ち物をチェックする」。それが習慣になったら，「自分ひとりで持ち物をチェックさせる」。

■ 第2章 ■ ■

（1）たとえば，壊してしまったおもちゃに対して「痛かったね。ごめんね」とあやまる。大きな荷物を運んでいる車を「がんばれ」と応援をする。絵を描く時に，太陽や花に笑顔を描き加える。

（2）たとえば，必ず授業の最初にめあてを伝え，授業中に授業のめあてが何だったかと問いかける。作業をさせたり問題を解かせたりする前に「最初に何をすべきか考えよう」「この問題で一番大切なところはどこかをよく考えてみよう」などと言葉をかける。その後，同じような作業・問題に取り組む前に，何をすればよかったかを問いかけることでメタ認知の自発的な使用を促す。

■ 第3章 ■ ■

（1）子どもの役割取得能力や共感性に注目することが重要である。役割取得能力や共感性に関する発達モデルでは，その子ども（あるいはクラス全般）がどの程度の発達

レベルであるのかを判断する基準を提示している。年齢に相応した発達を示す子どもの場合，次の段階の役割取得や共感性を視野に入れた指導をすることが求められるだろう。一方，年齢より低い発達を示す子どもの場合であれば，どの水準にいるのかを確認した上で，その水準に合った思いやり指導の方法を考えていく必要があるだろう。

（2）青年前期には，「仲間集団対孤立」という発達課題の存在することが指摘されている。この発達課題は思春期の者たちに該当するものである。したがって，青年期の人間関係の悩みを抱く者においては，仲間たちから受け入れられていないかもしれない，仲間集団には所属しているもののなんとなく居心地が悪い，そりが合わない，といったことを感じる者たちが少なくないだろう。また，仲間集団においては，自分の正しいと思ったことがなかなか認めてもらえない，あるいは実行できないといった葛藤を抱える者もいるだろう。なぜなら，思春期以降，青年の他者や人間関係に関する見方が大きく発達し独自の観点をもつようになるからである。教師は，このような者たちの心情を共感的に受け止めることが重要となる。その上で，仲間たちとより良く成長しあえるような関係を形成できるよう支援することが求められる。たとえば，自分が疑問に思っていること，悩んでいることをその仲間たちに相談するということを提案したり，仲間に対して抱いている疑問を一緒に考えていくこと，などが具体的な方法としてあげられる。大切なことは本人の自主的・自律的な気持ちを尊重しながら関わっていくことである。

▊ 第4章 ▊ ▊

（1）道具的条件づけの観点からいえば，随意運動にはなんらかの報酬や罰が伴っていると考えられる。つまり不登校には報酬が提示されていたり，罰が除去されている状況であったりすると考えられる。学校に行かず友人とトラブルを起こす可能性がないばかりか，親がかいがいしいため，家の居心地がよく，なおさら学校に行かなくなってしまう。したがって，上記のように不登校に対して温かく見守るという接し方は，不登校を長期化するおそれがあると考えられる。

そのため，親や教師は単に温かく見守るだけでは不十分で，不登校に対しては報酬を除去する必要がある（罰の提示は，子どもを精神的に追いつめるおそれもあるため，ここでは実施しない）。

（2）仲間入りするには，相手に“入れて”と意思を表明すればよい（このような意思

表明を仲間入り行動と呼ぶ）。しかし，ことばで説明するだけでは，上手に実行できるとは限らない。そこで，ほかの子がどうやって仲間入りするのかを観察し，おとなと一緒に仲間入り行動を練習するのがよい。練習を重ねるなかで，恥ずかしがらずに上手に仲間入り行動ができるようになってきたら，ほめてあげる。最後に，友だちに対して，"入れて"と言えたら，訓練は終了する。

▓ 第 5 章 ▓ ▓

（1）（例）使用されていた土器や人々の食料，生活スタイルといった観点から両者の異同を表にする。

（2）（例）課題を行う前に，何をやればよいかの計画表を作成させる。授業においてプリントのなかに子どもの気づきを記入させたり，「誤答ノート」を作って間違いに気づかせたりする。

▓ 第 6 章 ▓ ▓

（1）努力しても報われない経験をくり返すことで非随伴性と統制不可能性の認知を高めている（学習性無力感に陥っている）上，うまくいかないこと（悪い点ばかりとること）に対して，「自分には能力がないからだ」と内的で安定的な要因に原因帰属しているため，意欲を失っている。

（2）能力の問題ではなくやり方・頑張り方の問題ととらえ，指導を行う。具体的には，生徒の行っている学習方略を一緒に見直し，この生徒に必要な方略を指導する（第7章4節を参照のこと）。同時に，この生徒がうまくできる課題を与え，随伴性と統制可能性の認知をもてるようにする（学習性無力感の状態から回復できるようにする）。

▓ 第 7 章 ▓ ▓

（1）教師主体で進める受容学習では，1回の授業で多くの知識を授けられるが，学習者は知識を受動的に吸収するだけになってしまう。学習者主体で進める発見学習では，学習者が能動的に知識を構築できるが，1回の授業で得られる知識の量には限界がある。授業の効率性と学びの質という点で両者には一長一短があり，一方の長所が

他方の短所を補うという関係にある。

(2) 第4節で説明した方法があるが，それ以外だと，たとえば，テスト形式を暗記式から記述式に変える，各方略を実行できる授業ノートを作る（例：授業のテーマを記入する欄を設け，記入したテーマを授業中にふり返らせる），方略リストを作成して授業や宿題などで実践する，など。

■ 第8章 ■ ■

(1) −①，(2) −①

生徒ID	A	B	C	D	E	F	G	H	I	J	K	L	M	N	O	P	Q	R	S	T	U	V	W	X	Y	Z
点数	92	85	78	88	76	95	90	87	98	80	76	72	96	95	85	70	69	88	94	100	89	91	94	96	86	80
絶対評価	優	優	良	優	良	優	優	優	優	優	良	良	優	優	優	良	可	優	優	優	優	優	優	優	優	優
相対評価	3	3	2	3	2	4	3	3	5	2	2	2	4	4	3	1	1	3	4	5	3	3	4	4	3	2

(1) −②

絶対評価	優	良	可	不可
人数	20	5	1	0

(2) −②

相対評価	5	4	3	2	1
人数	2	6	10	6	2

■ 第9章 ■ ■

(1) 光背効果（ハロー効果）

教師が良好な学業成績という良い特性に注目して全体的に良い評価をしてしまい，2人の関係性を正しく認識することができなかったと考えられる。

(2) pM型

A先生のリーダーシップは，子どもの気持ちに寄り添い認めるなど学級集団の人間関係を維持するM機能が高い一方で，決まりを守らせて学習を促進する目標達成に関するP機能が低いと考えられる。

■■ 第 10 章 ■■■

　(1) 20答法を子どもに実施すると，幼児や児童においては，"私は花子です""私は茨城に住んでいます""僕は背が高い"といったような，名前，居住地，持ち物，身体的特徴などの客観的・外面的特徴による自己概念の叙述が多い。これに対して，青年においては，"私は几帳面である""私は人前に出ると緊張する""僕は保守主義者である"といったような，心理的特徴，対人関係の特徴，社会的役割，思想・信念など主として主観的・内面的な特徴による自己概念の叙述が増えてくる。このように，児童期から青年期へかけて，外面的な特徴による自己概念から内面的な特徴による自己概念へと移行していき，自己概念が分化，多様化していくものと考えられている。

　(2) 今度は，心理学者のリンヴィル（Linville, P. W.）が提起した「自己複雑性モデル」から考えてみる。自己複雑性（self-complexity）とは，自己をさまざまな側面からとらえられる程度のことで，自分を多面的にとらえられることを「自己複雑性が高い」，自分を一面的にしかとらえられないことを「自己複雑性が低い」という言い方をする。自己複雑性の高い人は，自己をさまざまな側面からとらえられるので，1つの側面で失敗しても（たとえば，「勉強」で失敗したり，「スポーツ」で挫折したりする），直接的に影響を受ける側面は自己概念のほんの一部を占めるのにすぎないので，ダメージは小さくてすむ。一方，自己複雑性の低い人（たとえば，「勉強」がすべて，「サッカー」がすべてとらえている人）は，ある特定の側面で失敗をすると，ダメージが大きく致命的なものとなりがちである。このように自己複雑性の高さが，精神衛生面に有効とされている。自己複雑性が低かった人は，これを機会に自分を多面的に把握するように心がけてみよう。

■■ 第 11 章 ■■■

　(1) 小1プロブレム，中1ギャップの両方に共通して大きく3つの目的での連携が考えられる。1つ目は子どもが近い将来の見通しをもてるようにする連携である。たとえば，体験入学などを通して，小学校に入学する幼児や中学校に入学する児童が入学後の学校生活について見通しがもてるようになることで，学校生活に対する不安が減り，学校生活に期待をもてるようになる。2つ目は子ども同士を交流させる連携である。たとえば児童が幼稚園・保育園を訪問するというように，幼児と児童，児童と

生徒が交流する機会をもつことも，入学後の不安を少なくするだろうし，受け入れる側の児童，生徒も上級生としての自覚をもって受け入れる準備ができる。3つ目は教職員間の交流である。各学校園の教職員間で互いに子どもの学校生活の様子などについて常に情報交換したり，お互いの施設・学校での教育内容や方法について理解を深めることで，円滑な接続のための指導方法の工夫が生まれてくると考えられる。

（2）次のような子どもの行動をプラスの特徴としてとらえ直してみると，どのような表現ができるか考えてみよう。

　①　教師の言うことに反抗する　→　（自分の意見を主張できる）

　②　自己中心的な行動をする　→　（自分のペースで活動できる）

　③　友だちといてもしゃべらない　→　（人の話を聞くのが得意）

　④　ひとつの事に集中できない　→　（周囲の様子に気がつきやすい）

　⑤　友だちの輪に入れない　→　（自分の時間を持つことができる）

索　引

執筆者紹介 (執筆順)

櫻井　茂男（さくらい　しげお）監修　序章第1・2節

　紹介は奥付参照。

黒田　祐二（くろだ　ゆうじ）編者　序章序文・第3節，第2章序文・第3・4節，第6・7章

　紹介は奥付参照。

大内　晶子（おおうち　あきこ）第1章

　常磐短期大学幼児教育保育学科准教授

　筑波大学大学院博士課程人間総合科学研究科心理学専攻修了　博士（心理学）

　主著：『心理測定尺度集V　個人から社会へ〈自己・対人関係・価値観〉』サイエンス社 2011年
　　（共著），『新保育ライブラリ　子どもを知る　保育の心理学II』北大路書房 2011年　（共著）

楯　誠（たて　まこと）第2章第1・2・5節

　名古屋経済大学人間生活科学部教授

　筑波大学大学院博士課程心理学研究科単位取得退学　修士（心理学）

　主著：『保育カウンセリングの原理』ナカニシヤ出版 2009年（分担執筆），『新・障害のある子ども
　　の保育第2版』みらい 2011年（分担執筆），『保育者のたまごのための発達心理学』北樹出版
　　2011年（分担執筆）

鈴木　公基（すずき　こうき）第3章

　関東学院大学教育学部こども発達学科准教授

　筑波大学大学院心理学研究科心理学専攻修了　博士（心理学）

　主著：『対人的文脈における認知的完結欲求の役割』風間書房 2010年，『たのしく学べる最新発達
　　心理学―乳幼児から中学生までの心と体の育ち』図書文化社 2010年（共著），『教師のための
　　学校カウンセリング』有斐閣 2008年（共著）

市原　学（いちはら　まなぶ）第4章

　都留文科大学教養学部学校教育学科教授

　筑波大学大学院博士課程心理学研究科単位取得退学　博士（心理学）

　主著：『たのしく学べる最新発達心理学―乳幼児から中学生までの心と体の育ち』図書文化社 2010
　　年

218

鈴木　みゆき（すずき　みゆき）第5章

関東学院大学法学部准教授

筑波大学大学院博士課程人間総合科学研究科心理学専攻単位取得退学　修士（心理学）

主著：「大学生における就職に関する将来展望と就職へ向けての取り組みとの関連―空想と予期の観点から―」『カウンセリング研究』42，218-228，2009年，「教師のための発達心理学（2）乳幼児期における遊びと発達」『指導と評価』57(5)，52-55，2011年，『たのしく学べる最新発達心理学―乳幼児から中学生までの心と体の育ち』図書文化社 2010年（共著）

永作　稔（ながさく　みのる）第8章

十文字学園女子大学教育人文学部准教授

筑波大学大学院博士課程人間総合科学研究科ヒューマン・ケア科学専攻修了　博士（心理学）

主著：「自律的高校進学動機と学校適応・不適応に関する短期縦断的検討」『教育心理学研究』53，516-528，2005年（共著）

本多　潤子（ほんだ　じゅんこ）第9章

元田園調布学園大学人間福祉学部准教授

筑波大学大学院博士課程心理学研究科単位取得退学　修士（心理学）

主著：『子どもの発達臨床と学校ソーシャルワーク』ミネルヴァ書房 2004年（分担執筆），『ペアレントトレーニング実践ハンドブック―きっとうまくいく。子どもの発達支援―』あいり出版 2011年（分担執筆）

外山　美樹（とやま　みき）第10章

筑波大学人間系教授

筑波大学大学院心理学研究科博士課程退学　博士（心理学）

主著：『行動を起こし，持続する力―モチベーションの心理学』新曜社 2011年，『やさしい発達と学習』有斐閣 2010年（共著），『ポジティブマインド―スポーツと健康，積極的な生き方の心理学』新曜社 2010年（共著）

清水　貴裕（しみず　たかひろ）第11章

東北学院大学地域総合学部教授

筑波大学大学院博士課程心理学研究科単位取得退学　博士（心理学）

主著：『子ども　おとな　社会　―子どものこころを支える教育臨床心理学』北樹出版 2010年（分担執筆），『図で理解する生徒指導・教育相談』福村出版 2010年（分担執筆），『心理学総合事典』朝倉書店 2006年（分担執筆）

監修者紹介

櫻井　茂男

筑波大学名誉教授，教育学博士

筑波大学大学院心理学研究科（博士課程）心理学専攻修了，奈良教育大学助教授，筑波大学人間系教授等を歴任

著書：『自律的な学習意欲の心理学』（誠信書房），『改訂版　たのしく学べる最新教育心理学』（図書文化社，編著），『心理測定尺度集Ⅳ―子どもの発達を支える対人関係・適応―』（サイエンス社，編著），『完璧を求める心理』（金子書房），『学びの「エンゲージメント」』（図書文化社），『思いやりの力』（新曜社），『人を伸ばす力』（新曜社，監訳）ほか

編著者紹介

黒田　祐二

福井県立大学学術教養センター教授，博士（心理学）

筑波大学大学院心理学研究科（博士課程）心理学専攻修了，清泉女学院大学等を経て，現職

著著：『実践につながる教育相談』『実践につながる生徒指導・キャリア教育』（北樹出版，編著），『たのしく学べる最新発達心理学』（図書文化，分担執筆），『はじめて学ぶ乳幼児の心理』（有斐閣，分担執筆），『心理測定尺度集Ⅳ―子どもの発達を支える対人関係・適応―』（サイエンス社，分担執筆），ほか

【改訂版】実践につながる教育心理学

2012年4月20日　　初版第1刷発行
2020年4月15日　　初版第15刷発行
2021年4月20日　　改訂版第1刷発行
2024年4月20日　　改訂版第5刷発行

監　修　櫻井　茂男

編著者　黒田　祐二

発行者　木村　慎也

定価はカバーに表示　　印刷　新灯印刷／製本　和光堂

発行所　株式会社 北樹出版

〒153-0061　東京都目黒区中目黒1-2-6
URL : http://www.hokuju.jp
電話(03)3715-1525(代表)　FAX(03)5720-1488